JN326802

売上げを10倍にする接客＆販売術

100万人の
教科書

神対応のおもてなし

伝説のカリスマ販売員
茂木久美子

JINGUKAN

片道4時間で57万円を売る技術

まえがきに代えて

ある新婚のご主人から、こんなお話を聞いたことがあります。

二人がまだ独身時代のこと。遊び仲間の何人かの男女が、彼の車でドライブ中に高速道路で大渋滞に巻き込まれてしまいました。

目的地に着く時間はどんどん遅れて暗くなり、車内のメンバーは疲れてイライラが募ってきていました。前方には、車のテールライトが延々と続くばかりです。

コースは運転していた彼が選んだこともあって「今の時期、これは無理だったんじゃない？」と、非難めいた雰囲気に。彼も責任を感じ、車内は無口になっていました。

その時です。一人の女の子が叫びました。

「あらー、きれい！　見て見て。ほら、車のライトが遠くまで曲がりくねって、映画のラストシーンみたい。『フィールド・オブ・ドリームズ』だったっけ……」

彼女は、みんなで見たことのある映画の感動的なラストを思い出したのです。

アメリカのトウモロコシ畑の中に野球場を作ると、伝説の名選手が現れるという夢を果たした夜、観客たちが続々と車を連ねて集まるラストシーンでした。

彼女の言葉に、他の人たちも目を覚ましたように言いました。

「ほんとだー。あの映画よかったよねー。とくにあの最後がねー……」

その後しばらく映画談議が続き、みんなのイライラもいつの間にか消えていったのです。とりわけ運転していた彼は、ホッとしました。そして、この彼女の優しい心に打たれました。じつはこの出来事が二人の結婚のきっかけになったというのです。

なるほど、こんなに**人の心の機微がわかって、みんなが感心してしまうような対応は、神様のよう**ではありませんか。そこで誰言うとなく、そうしたすばらしい対応のことを「神対応」と言うようになったのでしょう。では、その逆はどうでしょう。

そっけない対応、俗にいう〝しょっぱい〟対応は、名づけて「塩対応」です。

そう言われて私の周辺を見直すと、身につまされるお話がたくさんあります。


私は1998年、18歳で山形新幹線「つばさ」客車内のワゴン販売員になり、14年間、勤務しました。狭い車内でぎっしりと商品を積んだワゴンは重さが120キロもありますが、全部売れてもせいぜい3万円くらいの規模です。

人見知りがひどくてろくに言葉も出なかった私が、そのワゴンで様々な失敗をしながら、２００６年の5月には東京・新庄間の一往復半で50万円という売上げの新記録を出すことができました。その後、数年の間に片道3時間半で54万円、イベントがらみの時は4時間で57万円と、記録を更新することもできました。一往復の売上げ平均が7万円でしたから、これを往復に換算すると10倍以上の数字になります。これは、東京都内のコンビニエンスストアの丸一日分の平均売上げに相当するそうです。

どうしてこんな結果が出せたのでしょうか。その秘密がこの本のテーマですが、私のとった対応が「神対応」だなんて、そんな畏れ多いことは思いません。

ただ「お客様と心の触れ合いができた」と感じるその瞬間の喜びは、たしかに神様からのプレゼントなのではないか、と思える時はあります。

その喜びをもたらしてくれるのが「神対応」だとすれば、これは単に接客や販売という世界にとどまらない、人生全般、**人の心を大切にする生き方や人間関係にまで広がる大きなテーマ**だと思います。

読者の皆様にも、私のこのささやかな経験からのお話を、ぜひご自分の生き方や人生に生かしていってくだされば、この上ない喜びです。

２０１６年7月

茂木　久美子

もくじ

CHAPTER 1

心が伝わる神対応

CHAPTER 2

心を動かす神対応

CHAPTER 3

自然と売上げが上がる神対応

※雑談接客® は株式会社グローバルゲンテンが使用権を有する登録商標です。

CHAPTER 4
リピーターが増える神対応

CHAPTER 5
ピンチをチャンスに変える神対応

CHAPTER 6
感動を生み出す究極の神対応

◆制作／株式会社東京出版企画
◆編集協力／オフィス・スリー・ハーツ
／株式会社アイ・ティ・コム
◆カバーデザイン／若林繁裕
◆本文デザイン・DTP／飯塚聖記
◆企画・編集担当／粟多美香（株式会社神宮館）

CHAPTER 1

心が伝わる神対応

01

お客様から硬貨を受け取ったら

塩対応

受け取った硬貨をすぐにしまう

神対応

受け取った硬貨の「温度」を確かめる

硬貨のぬくもりでいかにお待たせしたか いかに待っててくださったかが感じ取れます

幼いころ、私は父母にもらったおこづかいで、近所の駄菓子屋に初めて自分で買い物に行きました。親戚の子どもたちと一緒でしたが、私は何をどのようにして買ったらいいものか、まったくわかりません。

駄菓子屋さんのアメやガムを見ながら、キョロキョロしていました。みんなは自分の好きなものを買うと、われ先にと走って帰って行きます。

私が手に300円を握りしめたまま立ちすくんでいると、駄菓子屋のおばあちゃんが、「あれ?! 一人ぼっちになっちゃってぇ。何か欲しいものあんだか?」と声をかけてくれました。「アメだか? ガムだか?」と言ってくれました。

たぶん、私は相当内気な子どもだったのでしょうね（今でもそうですけど…）。

その時は、はっきり言えないというより、何がなんだかわからなくなって、結局、そのおばあちゃんが「アメとガムと、チョコレート持ってけ」と言ってくれました。

でも、払い方がわからない私は、３００円を全部おばあちゃんに渡して、なんとお菓子を持って走って逃げ出してしまったのでした。

するとおばあちゃんが「お前、ちっと待ってろー！」と大きな声で私を追いかけてきました。**ちり紙にくるんだおつりのお金を、私の小さな手に持たせてくれた**のです。途中で小銭をバラバラ落とすかもしれないと思ったのでしょう。

あの時おばあちゃんは、最後まで順番を待って私が握りしめていた硬貨のぬくもりを感じ取ってくれていたのではないでしょうか。

今、お客様からいただいたお金のぬくもりを感じるたびに、私はそのおばあちゃんのことを思い出すのです。

冷たいはずの硬貨がなぜ温かいのか

車内販売の際、お客様は「コーヒーを飲みたいのに、まだかな」と、その人のところへ私が到着するまで小銭を握って待っててくださっています。

やっとその人のところまで行ってコーヒーをお渡しし、**お金をいただいた時、お待**

たせした時間がそのお金のぬくもりでわかるのです。お金を手に取って「あっ、温かい」と思った時、自分が遅くて申し訳ないと、泣きたくなるほどです。

そんな時は「ずいぶんお待ちいただいたのですね」と言って、自分の裁量でできるコーヒーなら、ちょっと多めについでしまいます。

カードでもお金でも、人のぬくもりを感じた時、私は単なる商品と代金の交換とは思えません。

ですから、受け取った硬貨を確認したら即座にしまい、「ありがとうございます」と機械的に応対するのが、とても悲しく思えるのです。

お金の温度は、ただお待たせして申し訳ないというだけでなく、**その人が一生懸命働いて手に入れた大切なもの**という、お金の価値まで肌身に感じさせてくれるものなのですから…。

お金のぬくもりは、お金の大事さと接客の心を教えてくれます

02

赤ちゃんを抱いたお客様にお弁当を注文されたら

塩対応

注文されたお弁当を渡す

神対応

片手で食べられるサンドイッチなどを提案してみる

お客様のことを親身になって考えると大事なものを手に入れることができます

赤ちゃんをあやしながら抱いているお母さんが乗車されていて、ちょうどお昼時になったので、「お弁当を一つください」と注文されました。お母さんは赤ちゃんのことで手一杯ですが、お昼になったし、お腹も空いているので何か食べなきゃ、というだけで「お弁当」という発想になったのかもしれません。

でも、私はお母さんが赤ちゃんを片手に抱いたまま、楽にお弁当を食べる姿が想像できなかったのです。そこで、よけいなことかなと思ったのですが、**「サンドイッチなら片手でも食べやすいですよ」**と言ってしまいました。

すると、お母さんは「ああ、そうですよね。お弁当はやめて、サンドイッチにします」と言って感謝してくださったのです。ホッとしましたね。

お客様のご注文をひっくり返す提案はちょっとためらいます。お母さんはお弁当が食べたいのかもしれないし、こちらもサンドイッチはお弁当の半分の値段ですから、

目先の売上げではなく次の売上げにつなげる

お弁当をお買い上げいただいたほうが当然売上げにつながります。

目先の売上げではなくその先の売上げが重要

でも、私がこのお母さんだったらどうでしょう。

きっとこの提案を喜ぶんじゃないかな？　瞬時にそう考え、思い切ってご提案したのですが、お母さんの反応は私の想像を確信に変えるものでした。

このようにお客様の状況を考えて、**自分だったらこうされたらうれしいだろうな、**

と想像力を働かせてみるのが、ほんとうのおもてなしだと思います。

言われるがままにお弁当を売ったとして、お母さんも片手でお弁当を食べ、しまったと思いながら、こぼしたり、ひっくり返したりしながら苦戦している様を想像すれば「こういう選択もありますよ」という提案はむしろ親切だと思います。

その時の売上げが半分になったとしても、心に残る販売員がいれば、外ではなく車内で買おうと思ってくださるお客様が増えるかもしれません。

もちろん、お客様に自由に選んでいただくことは最優先ですが、決まるまで知らん顔でアドバイスひとつしないというのも素っ気なさすぎますよね。

日々、このようなサービスがその場しのぎの目先の売上げではなく、多くのお客様に支持され、結果的に明日の大きな売上げとなっていくのです。

自分ならうれしいと思うことを
素直にすすめれば信頼につながります

03

お店の近くから場所を電話で聞かれたら

塩対応

「今、駅前なら次の角を右、次を左です。
近くですからお気をつけて…」

神対応

「今、駅前ですね。それなら、
近くですからお迎えに参ります」

義務感漂うマニュアルやマナーではお客様は喜んでくれません

私がお客として、大感激したこんな話があります。

ある日、東京近辺の地理に詳しくない街で、予約したホテルを探していました。雨もかなり激しく降っていて、予約の時に聞いた道がよくわかりません。

そこで駅前からホテルに電話して、道を聞き直しました。

普通でしたら、

「今、駅前ですね。だったらもう近くですから、そこを右に曲がって、次のコンビニの角を左に100メートルくらいのところです。お待ちしています」

などと教えてくれるのを、そのホテルでは応対に出た男の人が、

「あー、はいはい。**今、駅前ですね。雨がひどいでしょう。わかりました。もう近くですから、そのままお待ちください**」

と言ったかと思うと、すぐ電話を切って傘を持って走ってきてくれたのです。

有無を言わせずという感じ。そして自分はびしょびしょになりながら、荷物を持ってくれました。これには感激しました。

決して高級なホテルではありません。よく駅周辺にあるビジネスホテルのひとつでした。しかし、私にとってそのホテルは、どんな高級ホテルよりも〝高級〟に見えたのです。

おそらくこの男性の応対は、ホテルの接客マニュアルにはなかったでしょう。そうするのがマナーだと決められた応対とは感じられませんでした。**義務のように行われる応対では、こんなにお客様に感動を与えられない**と思うんです。

同じ「近くですから」でも意味がまったく異なります

敏感な人なら気づかれたのではありませんか？　普通の応対と、このホテルの男性の応対で使われた「近くですから」という言葉が、まったく逆の意味で使われているのです。普通の応対では、「もう近くですから、たいしてお客様の負担になりません」という意味が言外にありますよね。

マニュアルを超えた応対がお互いの心を結びます

ところが、このホテルの男性の応対では、

「もう近くですから、私にはなんの負担にもなりません。すぐうかがえます」

という意味が込められていませんか。お客様が気兼ねせずに待てるような配慮が、私には感じられたのです。

おそらく彼は隣にいた同僚に「お客様が迷ってるみたいだから、おれちょっと行ってくるよ」と言いおいて、すっ飛んできてくれたのでしょう。これは彼自身の判断や応対です。ここに**マニュアルを超えた応対の良さ**があると思います。

もっと言えば、こういう個人的な裁量で行われる、人間としての判断や対応をマニュアル化してしまうと、それが「義務化」してしまうと思います。

義務として行われる応対には、いわゆる「やらされ感」が出てしまいます。お客様様には「やってあげる感」が伝わって、感動とは程遠くなってしまうのです。

04

お会計時の対応の仕方

塩対応

商品名や金額を
大きな声で確認する

神対応

商品名や価格を大きな声で
言わないで、時にはだまって置く

購入した商品名を声高に復唱するのはお客様への配慮が足りない

本屋さんやレンタルビデオショップなどで、店員さんが大きな声で題名を読み上げたら、どんな本やビデオでも恥ずかしいと思う人は少なくないですよね。

それと同じで、**車内販売でも声の大きさにはずいぶん気を遣います。**

たとえば、女の人が日本酒を買われて、「はい、ワンカップお二つ！」などと言うのは無神経そのもので、車内販売員失格ですよね。ほかにも、アイスクリームやチョコレートなど男性的イメージが薄く、ともすればかわいらしい感じさえするものをお買い上げの男性客に対して、私は復唱するのをとても気をつけていました。

聞こえるように話したことで、他のお客様が「あっ、アイス売ってるんだ」などと気づいてくださり、宣伝になるというプラス面があったとしても、あえて私は言いません。

周りのお客様に聞こえるように言うことは、買ってくださったお客様をいいカモにしているようで品がないように思うからです。

声を落とすテクニックは、いかにお客様に寄り添った販売を実践しているか、ということになります。大声が必要な時は、トーンを高くしてはっきりと話すことが必要です。

それに対して、**耳元でささやいたほうがいい時もあります。**

その使い分けは特別な技術というより、きめ細やかなお客様の接客を心がけていればおのずと、それに即した言動になるはずなのです。

状況に合わせた声のトーンが大切

私は「アイスクリームおひとつ」も「テーブルお出しします」も、お客様に小声で接することにしています。声の音量を極端におさえることで、周囲は逆に、「ン？何を買ったんだろう」と車内販売のほうへ意識が向いて、こちらに主導権があるような状況になるからです。

ある大学教授がおっしゃっていたことですが、講演会を始める時に、会場がとても

声のトーンは、お客様と状況をキャッチして使い分けます

ザワザワしていると、わざと小さい声で始めるのだそうです。

そうすると「静かにしてください！」などと言わなくても、「え？　何しゃべってるの？」と、みんな一斉に耳をそばだてますから、自然とシーンと静まり返り、気持ちも一瞬にして聴講姿勢に変わるのだそうです。

つまり、この先生も小声によって講演会の主導権を握ったことになります。

ですから、マニュアルには「ハキハキ明るく元気よく、ちゃんと声を張って接客をしましょう」と書いてありますが、必ずしも、**音量大きく、はっきりと話すことがどんな場合でもベストではない**ことがわかりますよね。

ただ「1万円お預かりしました。８５００円のお返しです」というつり銭に関しては、「いや、俺は1万円出しただろ」などと言って、じつは千円札を出していたというトラブルを避ける意味で、ハキハキした対応が必要でしょう。

05

定番でおしぼりを渡す時のひと言

塩対応

当たり前のサービスなので「どうぞ」と渡す

神対応

「冷たいおしぼりです。お疲れさまです」などと、ねぎらいの言葉を添える

サービスは当たり前と思っていると人は感動しなくなります

お客様もサービスする側も「おしぼりくらい当たり前」と思っているフシはないでしょうか。

そのためか、渡すほうも「どうぞ」と素っ気なく、お客様も「ああ、いつものおしぼりか…」といった調子で無感動で受け取ります。

でも海外から日本へ帰ってくると、この当たり前がすごいことなのだと、改めて気づかされ感動します。ただで水とおしぼりが出てくる国はそうそうないんです。

ところが、日本で暮らしていると「日本のサービスは素晴らしい！」という感動もつかの間、またこれが当たり前になってしまいます。

最近では、おしぼりの業者さんが考えたことなのか、いろいろなおしぼりが出てきています。

「温かいのと冷たいのがあります。どちらになさいますか？」とか「香り付きと無香の、どちらになさいますか？」などと、お客様が選べるように多様化しています。

そうした新しいサービスも、慣れれば人はすぐに当たり前のこととして無感動になってしまいます。でも、それでは寂しすぎると思うのです。

世の中の多くの人が、自分が感動的な接客をされたことがないので、人にもどうしたらいいのかわからないのです。そもそも、そこまで考えたこともないということかもしれません。

マニュアルをこなすのが最大のサービスではない

逆に、自分がこういうことをしてもらって感動したことがあるから、機会があれば同じように人を感動させてあげたいと思うのが人間だと思います。

原点に返れば、**「おしぼりでございます」と言って、おしぼりを出すことがマニュアルにあるから当たり前になっている、というところが問題**なのでしょう。

そのマニュアルにある言葉が「香り付きおしぼり」と「無香おしぼり」を選ばせるように変わったとしても、結局は同じことで、そこに成長はありません。

ねぎらいの心を添えると言葉が感動につながります

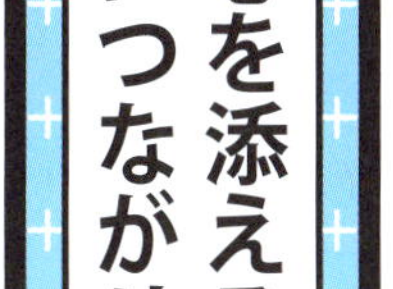

マニュアルに書いてあることを、マニュアル通りに全部やっていることが最大のサービスではないのです。外国ではあまり体験することのない、素晴らしいサービスを提供していても受ける側に感動がないのは、提供する側にどこか「私はマニュアル通りに完璧にやっています！」という一人よがりがあるからではないでしょうか。

それが言葉にしなくても態度を通して伝わって、お互い無感動なロボットのようなやりとりになっているのです。

「マニュアルにあるから」おしぼりをお渡しするのではなく、「お疲れでしょうから」おしぼりをお渡しするという、人をもてなす原点に返ってほしいのです。

単に「どうぞ」と言って渡されるおしぼりよりも、「冷たいおしぼりをどうぞ。お疲れ様です」と言ってねぎらいの言葉を添えて渡すことで、「当たり前」を超え、マニュアルを超えたサービスになると思うのです。

06 商品をお客様にお渡しする時

塩対応

片手で商品を置く・渡す

神対応

両手で渡し、指先に「余韻」を持たせる

さりげない手の動きで洗練されたサービスを提供します

接客場面で、手の動きや動かすスピードはとても大切です。

手の動きひとつで商品が大切に扱われているかとか、「熱いのでお気をつけくださ い」などという親切なメッセージが、やんわりと込められているからです。

お客様に商品をお渡しする時、両手を添えるのは当然ですが、手を離していく時に、ごく自然に指さすともなく、最後の指先が何か言いたげにしているように、ややゆっくりと引いていきます。つまり、指先にも「表情」があるのです。

この**指先の表情の「余韻」が、その品を大事にしていることを伝える**のです。

たとえば、会議やプレゼンテーションの時でもそうだと思いますが、ぜひこの書類に目を通してもらいたいと思う時の指さし具合や置き方は、とくにその気のない時の渡し方とは明らかに違うはずなのです。

さりげない手の動きで差をつけられる

商品を丁寧に扱うこと
お客様を大切に扱うこと
Point

①指先をそろえる
②手の甲に丸みをもたせる
③商品を渡したらゆっくり手を離す

お客様の気持ちが理解できたクレームに感謝します

フランス料理店でも、ソムリエはお客様の会話の邪魔にならないよう、さりげなく気を遣って一連の動作を行っています。

ソムリエがワインを注いでくれる時の姿、手さばきがあまりにムダがなく美しいので、思わずその所作に見入ってしまうことさえあるくらいです。

その時のソムリエのように、**商品もお客様も大事に思っていることが伝わる所作がとても重要**だと思うのです。

品物をお客様にお渡しするということに

ついては、私には苦い思い出があります。まだ新人のころでしたが、オレンジジュースをお買い上げの女性のお客様に、片手でテーブルの上に無造作に置いてしまったのです。

その時は、お客様から即座にクレームやお叱りを受けるようなことはなかったのですが、一週間ほどたった時、会社にクレームがあったのです。

内容は、「お金を出して買ってるのはこっちなのに、バーンと品物を叩きつけるようにされて、すごく不快だった…」といった苦情でした。

そのクレームは今から思えば、私にとってはとても感謝すべきクレームでした。

お客様は品物の置き方ひとつ、その時の指先の「表情」ひとつで、自分が大事にされているかどうかを敏感に感じておられるのです。

「指先に余韻を」だけで所作が変わってきますから、ぜひ試してみてください。

商品を渡す指先にも、お客様の心をとらえる「表情」があります

07 熱い飲み物に注意してほしい場合

塩対応

「熱いので
お気をつけてください」

神対応

「お熱いのでフーフーして
飲んでくださいね」

マンネリの言葉かけよりも目が覚めるような言葉を使ってみます

コーヒーやスープなどの熱いものをお客様にお渡しする時、先述した通り、お品物に手を添えて「こちらに置きますね。熱いのでお気をつけください」と注意を促してテーブルに置きます。こぼしたり、やけどしたりすると大変なので、決して手渡しはしません。

この熱い飲み物に注意してほしい時、**オノマトペ（擬声語）を利用するとインパクトがあって、相手に強いイメージを植えつける**ことができます。

オノマトペは、ワンワン、ガシャーン、シトシト、デレデレ、ガタンゴトン、ビューンなど、物音や動物の声をまねて言葉で表したもので、感情や動作、様子なども表します。マンガでよく使われている言葉ですからお子さんもよく知っているでしょう。

あまり使いすぎると子どもっぽくなってしまいますが、たくさんの言葉で伝えるよりも、オノマトペを使うことによって早くそのイメージが伝わるので、私は営業トークではとても大事にしていました。

日本語は、オノマトペがとくに多い国と言われています。せっかく日本で日本語を使うのですから利用しない手はありません。

よく使ったのは、熱い飲み物をお渡しした時に「フーフーして飲んでね」といった言葉です。

楽しく親近感を増すサプライズでリラックス効果

私はお子さんに対してだけオノマトペを使っていたのではありません。男性の方にも「熱いのでフーフーして飲んでくださいね」と言ったほうが、「お熱いのでお気をつけください」というマニュアル通りの言葉よりも、より印象に残ってクスッとされる方もいて、くつろいだ雰囲気になってくれることが少なくないのです。

人によって感じ方は違います。

「おふくろに言われたみたいで無邪気な気持ちになれる」「母性本能を感じる」という人もいれば、「恋人同士で彼女から『フーフーしてあげましょうか』って言われているみたいでドキッとする♥」など様々です。

気心の知れたお客様なら、「フーフーして飲んでね」というくだけた言い方のほうが、むしろ打ち解ける感じがしてリラックスできるようです。

言い方を換えれば、**オノマトペは相手に警戒心を持たせない、無防備にするという作用がある**んでしょうね。

まさか車内販売で、そんな言葉が聞けると思っているお客様はいないので、言われた方だけでなく、その周囲のお客様が二度見することとさえあります。

言われたほうも、「ええー!? 今、オレに言ったの?」という感じでびっくりされているお客様もいます。ギャップも面白いので、最初はあえてガチガチの真面目セールトークで、急に「フーフーして差し上げましょうか」などと、ほんの少しサプライズ感を出して言うのも楽しいと思いませんか。


笑いが起こる雰囲気づくりはお客様との距離を近づけます

08

お客様をお待たせする時には

塩対応

「少々お待ちください」

神対応

「ただ今まいります」「5分ほどお待ちいただけますか」(3分で戻る)

「待たされる」立場は不快だからこそ工夫がいります

お客様をお待たせする時には「少々お待ちください」という言葉がつい口から出てしまいがちですよね。でも、お客様に向かって「待て」というのは、上から目線のような感じがしてよくないと一般的に言われています。

では、どのような言葉がいいのでしょう。車内販売の場合、カートを押して行って、あるお客様のところで対応している時、他のお客様が「すみません」と言って手を挙げられることがあります。そんな時、「少々お待ちください」だけでは、ちょっと言葉足らずな感じがして、たしかによくない感じがします。

アイコンタクトをして、**「ただ今まいります」と言うと、「ただ今まいりますから（待っててね）」と言われている**ようなニュアンスで、評判のいい受け答えになります。

もちろん「少々お待ちください。ただ今まいります」と言ってもいいです。

また、状況によっては「お客様、5分ほどお待ちいただけますか」とお待たせする時間を数字で伝える方法があります。そして、あえて3分以内に戻ってくれば、「あら、意外と早かったわね」ということになります。

お客様の心理として、5分と言っていたのに3分なら、いい意味で予想を裏切られた快感があるのです。

自分のために対応してくれる期待感は苦痛をやわらげる

たしかに「少々お待ちくださいい」という言葉はよくないと言われますが、じつは私自身、これほど神対応の言葉はないと思っているのです。

ただし、神対応の領域に入るのは、他のお客様を接客しているから「お待ちくださ い」という場合ではなく、すでにお客様の応対をしている途中で言う時です。

たとえば、お客様がワインを何本かお持ちで、それを運ぶのに苦労されていて「このワインが入る大きな紙袋はないか」と相談された時です。

私は「少々お待ちいただけますか」と言って何しに行くかはあえて言わないで、その場から立ち去りました。

ワインの瓶が割れた時のことを考えて、ビニール袋を渡せばすむことかもしれませんが、もっと大切なことは瓶が割れないことです。

私はお客様が新幹線を降りて、どこかに立ち寄ったりした時などを想像しながら、**瓶を割れないように運ぶにはどうすれば一番いいか**を考えていました。

そして、商品が入っていた空の段ボール箱を、切ったりガムテープを貼ったりして形を整え、大きな手提げのビニール袋に入れました。でき上がった手製の袋を見てお客様はとても喜んでくださいました。

お客様のご要望を聞いて、「少々お待ちいただけますか」と言って私がいなくなったあと、お客様には私が自分だけのために特別に何かをやってくれるという予期せぬ期待感があって、結果を見る前にも、ちょっといい気持ちになれるのです。この場合、結果にも満足していただけて、はなまるの接客ができました。

待たせても、待つのが苦痛でなく快感になればいいのです

お客様から呼ばれたかどうかわからない時の魔法の言葉「はあい！」

お客様に声をかけるには、タイミングというものがあります。いいタイミングは、もちろんお客様からのサインを見逃さないことで得られますが、じつはサインを待っていたのでは遅いこともあります。

そこで、やはり勘が頼りになりますが、その時もっとも無難なアプローチは、気軽に「はあい！」と言って近づいてみることです。

もし、タイミングがズレていなければ、お客様は「ああ、やはり気づいてくれたんだ」となり、あとのやりとりがとてもスムーズになります。

もちろん、時にはタイミングが悪くて「呼んでないよ」ということもあります。でも、**「はあい！」だけならば、お客様に不快な思いや断りにくさを感じさせません。**「あっ、そうでしたか。それは失礼しました」とあっさり笑顔で引き下がればいいのです。

こちらが気軽ならお客様も気軽に、「呼んでないよ」と言えますし、こちらも、「じゃ、また来ますね」と軽い調子で引っ込むことができます。「そそっかしくてすみません」などと付け加えれば、笑いも起きて、印象に残っていただけることもあるでしょう。

こんなお声掛けの呼吸は、ほかの接客場面でも十分通用するのではないでしょうか。

CHAPTER 2

心を動かす神対応

09 御用のあるお客様を見分ける方法

塩対応

お客様が「すみません」と声をかけてくれるのを待つ

神対応

お客様に「すみません」と言わせないようアンテナを張る

いい接客をするための第一歩はお客様の気持ちを推し量る力を持つことです

たとえば、洋服屋さんへ行って、ちょっと気に入ったスカートやパンツなどを見つけたとします。試着したいなと思うのですが、

「すみませーん。このスカートを試着したいのですが……」

という声をかけることがなかなかできません。これは、なかなか勇気がいることなんです。

店員さんが気づいてくれないかなと思っても、なかなか声をかけてくれず、「気がきかないな」と腹が立つこともよくありますよね。そういう時はどうしましょう。あきらめて店を出ることが多いのではないでしょうか。

私たちの仕事でも、「すみませーん」のひと言がなかなか出なくてモジモジしているお客様がいます。何か買いたいのに恥ずかしくて「すみません」が言えないんですね。

ですから私たちは、**もっとお客様を見なければいけない**と思うんです。

何にしようか迷っているお客様はいないか、困っているお客様はいないか、何か聞きたいと思っているようだけれど……などを見る力が必要です。

私はこれまで、どれだけこの「すみません」を言わせてしまってきたことか。ほんとうに「すみません」と言いたいのはこちらなのです。

それに気づいたのは、ワゴンを押すのでなく、引いて後ろ向きに進む「バック販売」をするようになってからのことでした。この進み方だと、ワゴンが過ぎたあとのお客様の様子が手に取るようにわかります。そして、後ろ向きで歩くようになって、お客様の「すみません」が急激に減ったのです。

まずはチャイムを外してみませんか

「すみませーん……」と声をかけるのは勇気がいることであるならば、気づいてあげることが大事だと思います。

店員という人間がいながら、お客様の気持ちがわからなければ、店員を呼ぶためにあるチャイムと同じ役割でしかなく、そこに店員がいる意味はありません。

よく観察していれば、「すみません」と言われる前に、何か言いたそうなそぶりは感じ取ることができるはずです。もっと言えば、そぶりを見せる前に気づけなければいけません。

その力が衰えた原因のひとつが、このチャイムだと私は思っています。たしかにチャイムは疲れも見せず、不満も言わず効率的に働いてくれます。

しかし、それで気づく力が失われたのであれば、どこか間違っていると思うのは私だけではないはずです。

ですから、私は居酒屋などの研修会に呼ばれた時、「まずは、チャイムを外すところから始めませんか」と提案しています。お客様と店員の活発なやりとりが店を活性化させ、売上げも伸びると信じているからです。

チャイムを外すと、お客様の
「何か言いたいそぶり」が見えてきます

10 子ども連れのお客様に商品を売るには

塩対応

子どもの近くで、「冷たいアイスクリームをお持ちしました」

神対応

子どもの遠くで、「冷たいアイスクリームをお持ちしました」

アイスクリームを巡る攻防戦では「買うか買わないか」を考える時間が必要です

あるスーパーは、高級チョコレートを入り口の近くに置いています。お土産にするつもりでわざわざ買いにきたお客様は別にして、ほとんどの人は店に入ってすぐには、そのお菓子をかごに入れません。

やはり、多少ぜいたくで高価な品物なので、「買おうかどうしようか」という迷いがあるからでしょう。でも、どこかに買いたい気持ちは残っていて、必要な買い物が終わるころには、「やっぱり食べたいな。今日は日曜日だし、たまにはこれくらいのぜいたくをしてもいいかな」などと、自分に言い訳をしながら購入します。

ワンテンポ置いた考える時間、決める時間が必要ということでしょうか。

子どもが大好きなアイスクリームにも同じようなことがいえます。高価なぜいたく品ではありませんが、お母さんとしては旅先でお腹をこわされては困るので、アイスクリームは、あまり子どもに食べさせたくない品物のひとつです。

遠くで言うことにより押しつけ感がない

アイスをお持ちしました
あっ‼　アイスか買おうかなどうしようかな…

買う買わないを決めるのはあくまでお母さんです

お母さんとしては、買ってあげることに躊躇《ちゅうちょ》し、できることならば、買わずにすませたいと思っているんですね。

この気持ちがあるから、座席のそばにきてから、いきなり、

「アイスクリームをお持ちしました」

と言われると、反射的に拒絶反応が出て、

「いりません」

となります。

そこで、先ほどお話ししたスーパーでの高級チョコレートと同じように、考える時

間を持っていただくのです。

つまり、子どもの遠くで「冷たいアイスクリームをお持ちしました」というお知らせをすることなんです。

遠くで言えば押しつけがましくないし、子どもにしても、現物を目の前にしていないので、それほど大騒ぎはしません。

お母さんはお母さんで、子どもの食べたいという気持ちは痛いほどわかっています。そこで、「アイスクリームありますか」の声が聞こえた時から、「買ってあげようか、どうしようか」と迷います。

そして、やがて「今日は、新幹線で旅行という特別な日なんだし」とか「普段はガマンさせることが多いから、たまにはいいかな」と、買ってあげるほうに気持ちが傾くんですね。通るころには、お母さんから「ください」と声をかけてくれます。


考える時間が与えられると「買う」ほうに気持ちは傾くものです

11 商品をすすめる第一声は

塩対応

「ワインはいかがですか？
ぜひご利用くださいませ」

神対応

「ワインをお持ちいたしました！」

マニュアル通りの言い方をしてもお客様の耳には届きません

車内販売には一定のマニュアルがあり、私たちはそれに従って仕事をしています。「いらっしゃいませ。失礼いたします。車内販売にお伺いしました。ホットコーヒーにサンドイッチ、お弁当はいかがですか。どうぞご利用くださいませ」という言い方もそのひとつです。

ところがある時、マニュアル通りの言葉が出なかったことがあります。ワインをもっとも多く売ると、フランスに行かせてもらえるという社内企画があった時でした。私はワゴンなしで、ワインだけを持って販売に出ました。

「私が持っているのはワインだけ」と思ったとたん、なんと言えばいいかわからなくなり、その時、唐突に扉が開いてしまいました。

少々パニックに陥った私は、とっさに「ワイン、お持ちしました」と言ってしまったのです。

最初は、「しまった！」と思いました。マニュアルにはないことを言ってしまったし、お客様はみな私のほうを注目するし…。とんでもないことを言ったような気がしたんですね。

でも、一度言ってしまった言葉は言わなかったことにはなりません。仕方がないので、恥ずかしさをこらえて「お持ちいたしました」と言い続けたんです。そしたらお客様の反応が明らかに違ってきました。

一瞬「何か違う」と思ったその思いは、次の車両で同じ言い方をしたことで確信に変わりました。どのお客様も私のほうを見てくださったということは、私の第一声がお客様の耳に届いたということになりませんか。

押しつけがましいと拒絶反応が起きます

つまり、**「いかがですか。ぜひご利用くださいませ」という言い方は、知らず知らずのうちに、お客様に様々なプレッシャーを与えていた**んですね。マニュアル通りなので、ほとんど耳には届いていないかのようですが、じつは、それが落とし穴だったのかもしれません。

たとえば、

①「買うのか買わないのか、今すぐ決めてください」という、ファイナルアンサーを迫るようなニュアンスがある。

②「アイスクリームが売れていなくて困っています。余ってしまって、早く売らないと困るんです」と受け止められかねない。

③強くすすめられたような気がして重く受け止め、買いたい気持ちが半減する。

などです。

ファストフードに行った時でも、「ポテトも一緒にいかがですか」と言われると、買いたくなくなりますよね。そういうシーンを見るたびに思います。

「これでは拒絶反応されて当然。言い方ひとつで、売れる商品になるのに」と。

情報を与えるだけのほうが
相手の心を動かします

12 接客中に商品が切れてしまったら

塩対応

（カップを下げて）「すみません。お取り替えしますので、お待ちください」

神対応

（半分のまま渡し）「すみません。半分ですが飲んでいてください。その間に持ってきますから」

杓子定規な普通のマニュアルのサービスでは心の通ったサービスはできません

車内販売でコーヒーを紙コップに注いでいた時のことでした。カップの半分ほどでポットのコーヒーがなくなったのです。

マニュアルでいえば、それは廃棄して、

「お客様、新しいコーヒーをお持ちしますので、すこしお待ちください」

と言って、新しいポットを持ってきて新しい紙コップに注いでお出しします。

でも残りものであっても、紙コップに半分しかなかったコーヒーを私は捨てる気になれず、あえてお客様に差し上げたのです。

「お客様、半分しかなかったのですが、飲んでいていただけますか。私、大至急、新しいコーヒーを取ってまいりますので。砂糖、ミルクはおつけしますか？」

とお客様にご了解いただき、コーヒーを取りに行きました。

戻ってきた時、お客様がコーヒーを全部召し上がっているか確認して、紙コップに新しいコーヒーを注ぎます。もし、まだ入っていれば「新しいのを注ぎますから、全部召し上がってください」とお願いして、同じ紙コップで申し訳ないですが、とお断りしてから新しいコーヒーを通常よりもいっぱい注いで差し上げます。

　普通なら、この私のとった行動は絶対ダメだと言われるでしょう。でも、私はたびたび廃棄しなくてはならなくなる半端なコーヒーと紙コップがもったいないと思うのです。もし、お客様に喜んでいただけるなら、あえて**マニュアルにない自分なりのサービスを提供することは、決していけないことではない**と思うのです。

サービスも物も粗末にしたくありません

　昨今、コンビニやスーパーで売れ残った恵方巻きを大量に廃棄しているＳＮＳでの画像が出回り問題になっていました。これほど食べ物を粗末にするなら、そんな行事などやめてしまえばいいという意見も少なくなかったようです。

　私もお客様に喜んでもらえて、なおかつ「物をムダにしなくてすむのなら」という思いでこのような接客をしていました。コーヒーが途中でなくなったのもお客様の運命と、勝手に都合のいい解釈をして、それでも、できるだけのサービスはとことんさせていただきたいのです。

ほんとうは残りカスという考え方もあるのでスレスレの判断と行動ではあるのですが、サラリーマンの方など、とても喜んでくださっていたのを覚えています。

講演会をしていた時、最後に手を挙げてくださった方がいました。私は全然覚えていなかったのですが、「以前、あなたの新幹線でコーヒーを飲んだことがあります。今日、茂木さんだと思って来たんですよ。**途中でコーヒーがなくなった時に、**あなたはこのコーヒー飲んでてくださいって、**急いで取りに行って、さらにいっぱいコーヒーを足してくれました**」と、うれしい記憶として残っているようでした。

不足・マイナス・失敗も
プラスに転換できます

13 買うかどうか迷っているお客様には

塩対応

（そばに付き添い）「どうぞじっくり選んでください」

神対応

（いったん場を離れ）「また来ますからゆっくりご覧になってください」

ほとんどのお客様は店員との距離感に敏感です

目の前に、似たような商品を並べて、どれにしようかと迷っているお客様がいます。そういう時、売る側としては商品選びのプロだという自覚とプライドがあるので、アドバイスをしたくなるものです。

もちろん、店員はそのためにいるのですから、アドバイスをしてはいけないということはありません。むしろ、**プロの目で見た見解を述べて、決断を助けてあげる**ことは必要でしょう。

しかし、お客様が迷っている時、お客様の心が決まるのを、そばでじっと待っているのはどうかと思います。とくに私のように、すぐに決められるタイプではない人間にとって、そばに付き添われることは苦痛以外の何物でもありません。

というのも、迷っていると、相手の時間をムダに使わせているような気がしてしまうのです。「ほかにもお客様がいて、忙しいのに…」などと、あせってしまいます。

「買ってほしい」というプレッシャーをお客様に与えない

また来ますから
ゆっくりお選びくださいね
迷っていたから
考える時間ができたわ

「また来ますね」と言える雰囲気づくりが大事です

この状態だと、買わなければいけないというプレッシャーもあって、あわてて「これください」って言ってしまうこともあります。

家に帰ってから、

「あっちにすればよかった」

「買わなければよかった」

と後悔することにもなりかねないのです。

このように、買わされそうという距離感を嫌うお客様は少なくありません。

ですから、

「無理に今決めなくても、欲しくなった時にまた声をかけてくださいね」と、買わなくてもいいという雰囲気を匂わせて、その場を離れることが大切です。

そうすれば、お客様は気持ちが楽になってじっくりと心置きなく考えることができます。そうすれば、

「これとこれに絞ったんですけれど、どちらがいいと思います？」

と、店員のアドバイスを求める気持ちにもなれます。

決められない場合でも、お客様は「また来ますね」という言葉を自然と口にできます。店員のほうも、「またどうぞ」と気持ちよく送り出すことができます。

そうすれば、「やっぱり気になって、もう一回見せてください」と来店してくださるでしょう。二度目に来店してまた迷うということはまずありません。ある程度心を決めているに違いないのです。

いい接客の第一条件は、お客様の気持ちを楽にしてあげることです

14

予約時よりいい部屋が空いている時は

塩対応

「同額でグレードアップさせていただきました」

神対応

「同額でグレードアップさせていただけます。ぜひ、お泊まりいただけますか？」

決めるのは「お客様」です　それを忘れていると不快感を与えます

これは私自身の体験です。私はしばしば仕事で東京のホテルを予約するのですが、何度かちょっと不快な思いをしたことがあるのです。

それは、チェックインをしようとして、予約したホテルのフロントへ行った時に起きたことなんですが、フロントマンが、「本日は、お部屋をグレードアップさせていただきました」って言うのです。

私にしてみれば、一人で泊まるのですからシングルのこじんまりした部屋で十分なんです。それなのに「特別扱いをしてあげたんですよ」と言わんばかりの姿勢に、いつもカチンとくるんです。「頼んでもいないのに」と、思ってしまいます。

もしかしたら、私の感覚が敏感すぎるかもしれませんが「グレードアップしてくれたんだ！　やったー！　ラッキー！」って、素直に喜ぶことができないのです。

なんとなく、相手の下心が見えてしまうんですね。「うれしいでしょ」「私たちのサービスは素晴らしいでしょ」というような。

そこには、

「値段を同じにしてグレードアップすれば、満足したお客様はまた来たいなって思うに違いない。次もこのホテルを予約するだろう。これで行こう」

というマニュアルがあるような気がしてしまうわけです。それは、マニュアル通りにやっているだけですよね。

つまり、お客様のことを考えているようでいて、じつは考えていないしたたかな商売意識が見え隠れします。なんだか「してやったり感」満々という感じがしませんか。

ひと言、お客様の意向を尋ねるのが礼儀

だから、素直に喜べないのです。喜ぶに決まっていると決めつけられているのも不愉快です。なぜならば、**グレードアップするかどうかを決めるのは私自身であって、ホテル側ではない**からです。

それでは、ホテル側はどうすればいいのでしょうか。

「同じお値段で、グレードアップしたお部屋をご用意できるのですが、どうしましょうか。お泊まりいただけますか」

と、その部屋に泊まるか泊まらないかの選択を、こちらにさせてほしいんです。

そうすれば、「いい部屋を用意してやったぞ、ありがたく思え」という傲慢さを感じることもありません。むしろ「ぜひお泊まりいただきたい」というホテル側の熱意を感じ取ることができます。

そう言われれば、こちらも素直に喜ぶことができます。

「ありがとうございます、喜んで泊まらせていただきます」

と言えるでしょう。

そして、グレードアップの部屋に十分満足し、この次も、このホテルに泊まりたいという気持ちになるに違いありません。

頼んでもいないのにと思わせるとマイナス効果にしかなりません

15 雑談接客®で話す内容とは

塩対応

天気や気候の話をする ×

神対応

街ネタ、子どもネタ、お客様自身のネタで距離を縮める ○

脱マニュアル効果は雑談接客®でも発揮されます

私たち販売員は接客上手になるために、敬語などお客様との対話マニュアルを学びます。でも、マニュアル接客を学んでその通りにできるようになることよりも、**お客様とどんなお話しをすれば、いい接客ができるのかをわかることのほうが重要**です。

これを「雑談接客®」と、私は言っています。雑談接客®とはお客様一人ひとりに合わせた雑談をすることです。

人によっては、「雑談ばっかりしているんじゃないよ」という具合に、雑談をムダ話としかとらえない傾向もあります。でも、**雑談はムダ話ではありません。むしろ、お客様との距離を縮めるための効果的なおしゃべり**です。それを使わないのはもったいないと思いませんか。

たとえば、商品におまけをつけるとか、ポイントをつけるとかというサービスは、お金がかかることなので、会社が考えて実施することであり、私たちの職務範囲外のことです。

ですから、**お金をかけずにできることはなんなのか、それが雑談接客®**なんです。

雑談で商品のよさをアピールすることもできますしね。

そのお客様だけに通用する話題の提供が大切

雑談が大事という方が増えてきたと見えて、雑談をすすめたり、雑談の仕方を伝授したりする本も出ています。しかし、雑談とはいえないと思うこともあります。

たとえば「いらっしゃいませ、こんにちは、いつもありがとうございます」とお迎えしたら「天気がいいですね」などと、仕事以外のお話しをすることを「雑談接客®」としている場合があります。

もちろん私も、聞かれないかぎり仕事の話は一切しませんが、仕事以外の話が全部雑談と思ったら大間違いです。

「天気がいいですね」なんて誰にでも通じる話です。ですから、これは結局、マニュアル接客の域を出ていないんですね。

仕事以外の話は全部雑談と思ったら大間違いです

ほんとうの雑談接客®は、この次の段階で始まります。それは、**そのお客様にしか通用しない話題を出すこと**です。それも常連かそうでないかでも違ってきます。

常連のお客様だったら「お子さん、大きくなられましたでしょう」と子どもの成長を聞く。常連でなかったら「和服がとてもお似合いですね」などでしょうか。

これは、ほかの仕事の場合でも同じだと思います。洋服屋ならば、私だったら売りつけるという感じを出さないために、「どういうイメージになりたいですか」と聞きます。

そうすれば、「イメージに合わなかったら、帰ってもいいですよ」というこちらの気持ちを込めることができるでしょう。

銀行ならば、「最近できたレストラン、もう行かれましたか」のような街の話題などいかがでしょうか。

16 効果的な雑談接客® とは

塩対応

話すのが義務のように
自分のことを話す

神対応

相手がどうしたいか
よく観察して話題を探す

一方通行の雑談接客®は無言よりもお客様の気分を損ねます

雑談は接客の有力な武器になるといっても、そのタイミングが重要です。

講演会や研修会でよく話すのですが、私が体験した「タイミングの悪い見本のような実例」があります。

ある時、美容院に行こうと思い、インターネットでカットとカラーとか頭皮マッサージまで、してほしいことを全部予約して出かけました。

店に入ってまず「あれ？」と思ったのは、予約なしの通りがかりのお客様みたいな扱いだったことです。ネットで予約したことを伝えると「ああそうでしたね」と。

ところが椅子に座ると、今度は「本日はどうしますか」と、これまた予約していなかったみたいな言い方です。あっさりとタイミングよく謝って「申し訳ありません。もう一度伺っていいですか」と聞いてくれれば、まだよかったのに、なんと、そんな気分の私にタイミング悪く、一生懸命に雑談をしかけてきたのです。

お客様の状況を考えないで話すのは×

この近くの居酒屋知ってます……？
TVでこの前こんな面白いことやってまして……
今、雑誌読んでいるのでだまってて……
今、彼氏とケンカしてしまいまして……

その美容師がしゃべること、しゃべること。それも一方通行で、彼氏の話や仕事の不満など聞きたくもない自分のことばかり。

自分の話ばかりするのもタイミングの悪さからです

極めつきは、最後の支払いの時でした。私の財布を見た彼女は、「私もその財布持ってます。３０００円で買いました」と…。

とてもそんな、持ち物の話をする気分ではないところへ、少なくとも私は一生懸命に働いて、お金を貯めてやっと買ったものを、こんなにも安く見られ…。しかも「次のご予約は？」と聞かれました。そして、もう二度とこないと誓いました。

きっと、沈黙はいけない、次の予約を取れというマニュアルがあるのでしょう。それに従って**義務的に話したのでは、「雑談」は文字通り「雑」になってしまいます。**

今通っている美容院では、こういうことはありません。お客様をよく見て、話したいお客様とはおしゃべりに花を咲かせ、黙っていてほしい時はしゃべらず、しかも気詰まりを感じさせません。

私の場合は、情報収集がしたくて、置いてある雑誌を読みたいと思うことが多いのですが、その場合はあまり話しかけないようにと対応してくれます。シャンプー台への移動なども、タイミングよく指示してくれるので、とても心地よい時間を過ごしています。

タイミングを誤ると、「雑談」は「雑」で終わってしまいます

17

雑談から本題に移したい時は

塩対応

盛り上がっているお客様の話をさえぎる

神対応

自分の話に持ってきてから話を終わらせる

脱線した話を切り返す時には相手の気持ちを害さないことが大事です

雑談というのは、文字通り雑な会話ですから「落ち」がありません。というよりも「落ち」をつける必要はないので、話題はなんでもいいんです。相手をよく見ていれば、怒らせたり、不快感を持たせたりすることもないでしょうし。

いわば、**相手との距離を縮めるためだけの目的で雑談接客®をする**のです。ですから、話が盛り上がると、どんどん脱線していって、

「はて、この話になったのは、どこからだったかしら」

と、本題から遠くはなれてしまうこともしばしばです。

出身地や家族の話など、違う話になってしまっていた時、どのタイミングで元に戻せばいいのか、これは非常に難しく迷うところです。

ただ、ひとつだけ言えることは、お客様の話をさえぎってまで戻さないという原則を守ることです。ひと呼吸おいて、自分の話で終わらせるのです。

たとえば、お客様が最近行った観光地の話をしはじめ、それが長くなりそうになった時、

「あー！　私もそこへ行ったんですよ」

という具合にしゃべりながら、

「ほんと、あそこはよかったですね。私もまた行きたいと思っていたんですよ。お話が聞けてよかったです」

と、舵を自分のほうへ引き寄せて、自分の話として引き取って、話を終わりにするのです。

「もっと聞きたいのでまた来ますね」の効用

そうすれば、お客様は気持ちを害することもなく、本来の話に戻ってくれるはずです。

それでも、お客様がまだ話し足りない様子を見せることもあるかもしれませんね。

とくにお客様が話の主導権を握っていると、「私も行ったんですよ」が耳に入らない

こともあります。

そういう時には、

「詳しくもっと知りたいので、あとで、もうちょっとしたら、また来ますね」

と言えば、お客様は、気持ちよく引き下がってくれるでしょう。

一番いけないのは、表題にも書いたように、相手の話をさえぎることです。これをしてしまうと、お客様は「なんだよ、今日は冷たいなあ」と、せっかく築いた常連のお客様との関係も悪くなります。

あるいは、相手の話をさえぎって、こちらがさっさと行ってしまったら、「話が長くなっちゃったな」ということを、お客様に気づかせることになります。

「引き止めちゃったかなあ」「何か失礼なことをしてしまったかなあ」と、お客様に気を遣わせることになるのは避けたいものですね。

雑談が長引いたことを、お客様に気づかせてはいけません

言葉遣いにはマナーがありますが、多少くずしたほうが距離感を縮められます

私たちは入社すると、敬語を徹底的に頭に入れて接客するように指示されます。でも、私はこれらのマニュアルとして教えられた敬語は、あくまで基本的な姿勢のありかたを教えているものであって、お客様によっては、多少控えることが許されると思っています。

なぜならば、**敬語というのは、お客様との間に、線を引いてしまうような、壁ができてしまうような、そんな性質を持っている**からです。

もちろん、最初から「タメ語」を使うのは困ります。でも、お客様の様子で大丈夫と判断できたら、自分の両親や祖父母やあるいは子どもに接するのと同じような感覚で接するほうがいいと思うのです。

それに方言を使うのもひとつの方法です。たとえば、私は、山形から乗られたお客様に、お饅頭を一つと言われて、「饅頭一個で足りるんだべか」と応じて、お土産用にたくさん買っていただいたこともありました。かつて、ＮＨＫアナウンサーだった宮田輝さんは、『ふるさとの歌まつり』で方言を駆使して人気者になったと聞いたこともあります。これこそ方言が持つ特権でしょう。

敬語は、相手への敬意を失わないかぎり、崩しても許され、お客様との距離を縮められます。

CHAPTER 3

自然と売上げが上がる神対応

18 料理をすすめたあとのフォロー

塩対応

お客様が食べ終わったら黙って食器を下げる

神対応

食器を下げる時、「お口に合いましたか？」と確かめる

料理のあと「いかがでしたか?」がないと二度目の来店はありません

私がお客としてレストランで食事をした場合、「おいしかったな、また来たいな」と思う時と「おいしかったけど、二度目はないな」と思う時とがあります。

どちらになるか、それは食べ終わって食器を下げにきた店員さんが、何も言わずに黙ってお皿を下げたか、**「お味はどうでしたか」とか「お口に合いましたか」と、ひと言聞いてくれたかどうか**で決まります。

黙って下げられると、なんだか売るだけ売っておいて、あとはどうでもいいやと思われているような気がしてしまうんです。これを私は「売りっぱなし」と言っています。

もし私が料理人だったら、一番気になるのは自分の作った料理がおいしかったかどうか、気に入ってもらえたかどうかです。

「その一番気になることをなぜ聞かないの?」と思ってしまうんですね。

一般家庭の場合でもそうだと思います。一生懸命に作った料理、夫や子どもは、おいしいと思っているのかどうか気になります。何も言わずに黙って食べている夫への不満を漏らす人が多いのも、それが一番気になるからでしょう。

食べたあとのフォローがないのはマナー違反

とくに「売りっぱなし」が気になるのは、店員さんに「おすすめはなんですか」と聞いて、そのおすすめ料理を注文した時です。

「今日は何が入っていますか？」

「今日は、新鮮なトビウオが入っていますよ。トビウオの刺身って珍しいでしょ。おいしいですよ」

「じゃ、それをお願いしてみようかしら」

などの会話のあとで、そのおすすめをいただいてみました。

ところが、食べた結果のフォローがありません。すすめたことに責任を感じるならば、「お味はどうでしたか」のひと言があってしかるべきでしょう。それがマナーでもあると思うのですが、残念ながら聞きにくる人は少ないように思います。

お客様によっては、聞きにこられなくても帰り際に「おいしかったよ、また来るね」と言ってくれる人もいるでしょう。でもそれをお客様に言わせるのは、やはりマナー違反だと思いますよ。

車内販売でも、それは同じことです。**「お口に合いましたか」のひと言で、お客様との距離も縮む**ように思います。そうなれば、「お代わりどうですか?」なんていう冗談めいた軽口もたたけるというものです。

もしかしたら、ファストフード店などの場合、味を聞くなどおこがましいと思っているのかもしれません。でも、たとえばレジで「エビバーガー、お口に合いましたか」と聞かれれば、お客様の一人ひとりに目を配っているんだなということになり、お客様も笑顔、店員も笑顔で幸せな気分になれるはずです。

お食事後のフォローでお客様も店員も幸せな気分になれます

19 場の空気を読むためには

塩対応

自分の目で見える
お客様しか見ていない

神対応

自分のいる空間全体を
第3の目で見るつもりになる

自分を客観的に見ることでお客様全体を見渡すことができます

新幹線には、じつに様々なお客様が乗ってこられます。ですから、お客様によって賑やかだったり静かだったりと、全体の雰囲気も違ってきます。それによって、こちらの話すタイミングや声のかけ方も変化します。

ひと言で言えば、その場の空気を読むことが大事なんですね。どう読んだらいいのか。ちょっと感覚的な言い方になりますが、**自分を違うところから眺めるような感じ**で臨みます。

つまり、車中にいろいろなお客様がお越しになっている空間があり、さらにそこにワゴンを引いて歩いている自分を眺めている自分がいる…そんな感じで空間全体を見ているのです。

たとえば、遠くにお子さんがいらっしゃるから「アイスクリームあります」って言おうか、左側にはサラリーマンらしき人が財布を出しているなど、お客様たちを見

客観的に自分を見ることで場の空気が読める

自分の姿を自分で傍観することは大切です

ている自分がいます。

その一方で、そんな風に目配り気配りをしている自分自身を見ている自分がいる。

そんな具合なのです。

俯瞰《ふかん》することで自分の行動の良し悪しがわかります

これは、舞台上の俳優に似ているような気がします。俳優さんは、舞台の上で演じている自分と、それを見ている自分がいると言いますから。

このように、仕事をしている自分を客観的に見ている自分がいると、それは舞台上の自分を見ているようなものです。

つまり、上から全体を見渡しているということになるのです。

そうすると、いろいろなことがわかってきます。たとえば、常連のお客様との話が弾んでいる時です。

「ちょっと長くしゃべっちゃって、後ろのお客様はうるさいと思ったかもしれないな」

「不愉快に思っているお客様もいるだろうな」

などと、自分のしていることがいいことだったのか間違ったことだったのかがわかるのです。

こうして、**その場の空気を読むことができれば、それに合わせた言動をすることができる**ようになるでしょう。

自分を外から見る目を持つことで
その場の空気を読むことができます

20 お弁当を購入してきたお客様へのアプローチ

塩対応

もう弁当は必要ないからと
販売対象から外す

神対応

「このお弁当、お土産でも
ご利用いただいています」

お弁当の予約を取ることで「お土産にもなります」と言えるようになりました

お弁当というのは、じつは難しい商品なんです。なぜならば、お弁当は明日まで持ち越すことができません。

ですから、余らないよう、不足しないようにと、見当をつけて発注します。その見当が外れると、たくさんのお弁当を捨てざるをえなくなることもあるんですね。

山カンで発注しては余らせてしまうお弁当を、なんとかしたいと思った私たちは、予約を取りに回ったらどうかと考えました。幸い、何時何分にどの駅に到着するのか、どこからどんな商品が積み込まれるかなど、会社のことはすべて把握しています。

それをもとにして予約を取れば大まかな目安がわかります。お弁当が入る駅に列車が着く30分ぐらい前に、

「できたてのお弁当が入ります」

と、「できたて」というところを売りにすればきっと興味を持っていただけると思

ったのです。

これは当たりました。「できたて」が効果的でした。「できたてだって」「できたてのほかほかが食べられるのか」など、注文が殺到しました。

何回も回っていると、最初に回った時にイメージを膨らませていたのでしょう、「次に来たら頼もう」と待っているお客様も大勢いらっしゃいました。期待度100パーセントだったと思いますよ。

できたてを届けて差し上げると、ご本人はもちろん、周囲のお客様も一斉に注目し、「予約しないと買えないの？」と聞かれることもあります。そのために、多めに発注することも忘れませんでした。

そして、「お土産に3つ」「私は5つ」というお客様も多かったのです。

「できたてならばお土産にできる」ので売上げ急増

とくに外で買われたお弁当を持っておられたり、すでに食べ終えられたりしているお客様には、今まで当然ながらお弁当はおすすめしませんでした。でも、お土産となると話が違います。**「お土産にもご利用していただいています」という情報は、決して押しつけにならず、お客様にも喜んでいただけた**のです。

お弁当が、お土産用に3個も5個も売れるというのは、じつを言えば、まったく予想外のことでした。

たとえば、あるお客様は照れたようにおっしゃいました。

「いやあ、おいしい弁当だったんでね、女房へのお土産にしたいと思ってね」と。

考えてみれば、デパートの物産展でも、駅弁を扱った時の売上げは多いと聞きます。

しかも、これまでお弁当は朝運ばれてくるというイメージがありましたが、できたてということになれば、私たちも自信を持って「お土産にも…」と言えます。

お弁当はその場で食べるものという常識を飛び越え、お土産と考える、こうした新しい価値を生む売り方は、ほかの商品でも大いにありうるのではないでしょうか。

商品の固定観念を変えると新しい価値が生まれます

21

お客様を見送る時には

塩対応

マニュアル通り、出口まで
買った品物をお持ちする

神対応

見送りをお客様が迷惑がって
いないかどうか気遣う

お客様をよく見ないとマニュアル通りがマイナスになります

あらゆる職場には、マニュアルが設けられています。車内販売ならば「いらっしゃいませ」に始まる言葉遣いからお辞儀の仕方などのマナーまで、びっしり教えられて販売の場に出ていきます。

お客様からのクレームなどに対応する仕事なら、

「絶対に、お客様に責任があるような言い方をしてはいけない」

「上司を出せなどという無理を言われたら、上司は不在であると言っておいて、お調べしてからご連絡しますと一度は電話を切ったほうがいい」

などのマニュアルを教えられて現場に臨むのでしょう。

しかしこれらのマナーのほとんどは、相手を不快にさせないための基本的な行儀です。いわば、無難な策なんですね。

これではお客様に不快感もないかわり、「いい応対をしてもらった」という喜びもありません。

やはり、特別に何かしてもらってうれしいという気持ちになっていただくことが大事です。つまり、**基本的なマナーに加えた「加点」が大事**なんですね。

もちろん、基本的なマナーを身につけることは、とても大事なことであり、できて当たり前、新人研修で学んで当然のことです。ところが、こうした新人研修に携わる講師の多くは、そこまで教えれば十分と考えているかのようです。

それでは加点などは望めませんし、逆にマニュアル通りがマイナスに働くこともあるのです。

「お見送りします」をいやがるお客様もいます

たとえば「お客様を最後まで気持ちよくお見送りしましょう」というマニュアルがあります。しかし、それを嫌うお客様もいます。

ですから、最後まで見送るというマニュアルを守ることよりも、見送られることを嫌うお客様がいることに気づける人間のほうがずっと優秀な社員といえるのではないでしょうか。

マナーはなんのためにあるのか。それはお客様に喜んでいただくためです。それを考えれば、お客様によって対応を考えることは当然というぐらいになるべきでしょう。

お客様に気持ちのいい帰り方をしていただきたいと思えば「出口まで見送るなど、気持ちの負担になるからやめてほしい」というお客様への配慮を忘れてはいけません。じつは、私もその一人です。店の入り口まで見送られて、そこで買ったものを渡されるのが苦痛でたまらないのです。

しかも、「マニュアル通りにやっているんだな」という感じを受けたらよけいダメですね。

22

心が伝わる表情とは

塩対応

無理してでも
笑顔で応じる

×

神対応

無理な笑顔ではなく
素直な表情で応じる

○

心にもない笑顔をされてもお客様は笑顔になれません

「笑顔は二流、表情がある人は一流」

私の好きな言葉です。たしかに、マナーとして笑顔はとても大事です。しかし、そこで終わったのでは、二流の域を出ることができません。日本のサービスのグレードは高くて、そこまでできている人はたくさんいるからです。

できるとはいっても、心からの笑顔ができる人は少ないのかもしれません。**作り笑い一辺倒の笑顔なら、誰でもできる**んですね。「口の端を上げて…」という訓練をさせられますから。

歌を歌う時でも、口角を上げる訓練をすると聞いています。ですから、合唱コンクールなど見ていると、その通りの口つきをして歌っています。でも、私はつい思ってしまいます。「悲しい気持ちを歌うのに、なんで笑顔なの?」って。

というわけで、いくら笑顔と言われても、笑顔で接することができない場合もあります。なぜならば、ほんとうの笑顔というのは相手の心に呼応して自然に浮かぶものだからです。

ですから、**相手の表情を見ずに笑顔を浮かべるのは自己満足にすぎない**んです。

笑顔が大事であることはもちろんですが、その笑顔はお客様が「この人、話しかけやすそうだな」と、こちらの笑顔につられて笑顔になれるような笑顔でなければいけないのです。

お客様の気持ちを察することで自然に表情が出ます

つまり、こちらの表情は必ずしも笑顔でなければいけないということではないということです。相手の表情を見て、それから自分の表情を決めるのであれば、それは笑顔でなくてもいいということなんですね。

お客様に合わせて本気で喜んだり、ときには一緒に悲しんだりすることのほうがずっと大事なんです。

もし、相手の表情からお客様の気持ちがわからないのであれば、素直に「どうすればいいのか、こちらも困っています。それを知りたいんです」という顔をしたほうが、下手な笑顔を浮かべるより、ずっとお客様の心に添うことになります。

私がお客様の立場に立ったとして考えてみても、この**「お客様の心に添う」**っていうことの大切さを思います。

たとえば、いきなりニコニコ笑顔で「いらっしゃいませ」って飛んでこられると、思わず引いてしまいます。なんだか「売りつけられそう！　どうしよう」という気持ちになるんです。それよりもお客様がどんな方で、どんな気持ちか考えて表情を変えるべきです。

そして、こちらがあれこれ見てまわるのを少し離れて様子を見ていて、タイミングよく「何かお探しですか」と静かに声をかけてほしいのです。

作りものの笑顔はお客様の心に響きません

23

口コミで売上げをアップさせる方法

塩対応

商品のメリットのみを伝える

神対応

あえてその商品のデメリットも伝える

一時の売上げで終わらせないためにはお客様を思う姿勢を忘れないことです

先日、熊本地震の避難所で支給されたのが乾パンだったので、入れ歯の歯ではかめなかったというニュースを読みました。非常時では、そういうことが起きても仕方がないでしょうが、これを読んで、もしかしたら私たちの仕事でも同じようなことが起きている可能性があるなと思いました。

もちろん、販売の仕事をしているのですから、売上げを上げることが一番の目的です。しかし、目的のためなら、なんでも売っていいというものではありません。

一時の売上げ成績を上げるために、お客様に合わないもの、あるいは「自分だったら、これは買わないな」などというものを売ってはいないでしょうか。

たとえば年配のお客様に、きんぴらごぼうが入っているお弁当を売っていないかどうかです。年配のお客様に出会ったら、それがお口に合うかどうかを考えてほしいのです。たとえば、自分の祖父母が「年をとったら、きんぴらが固くて。だから、一回

評判がよければお客様がお客様を次々と呼ぶ

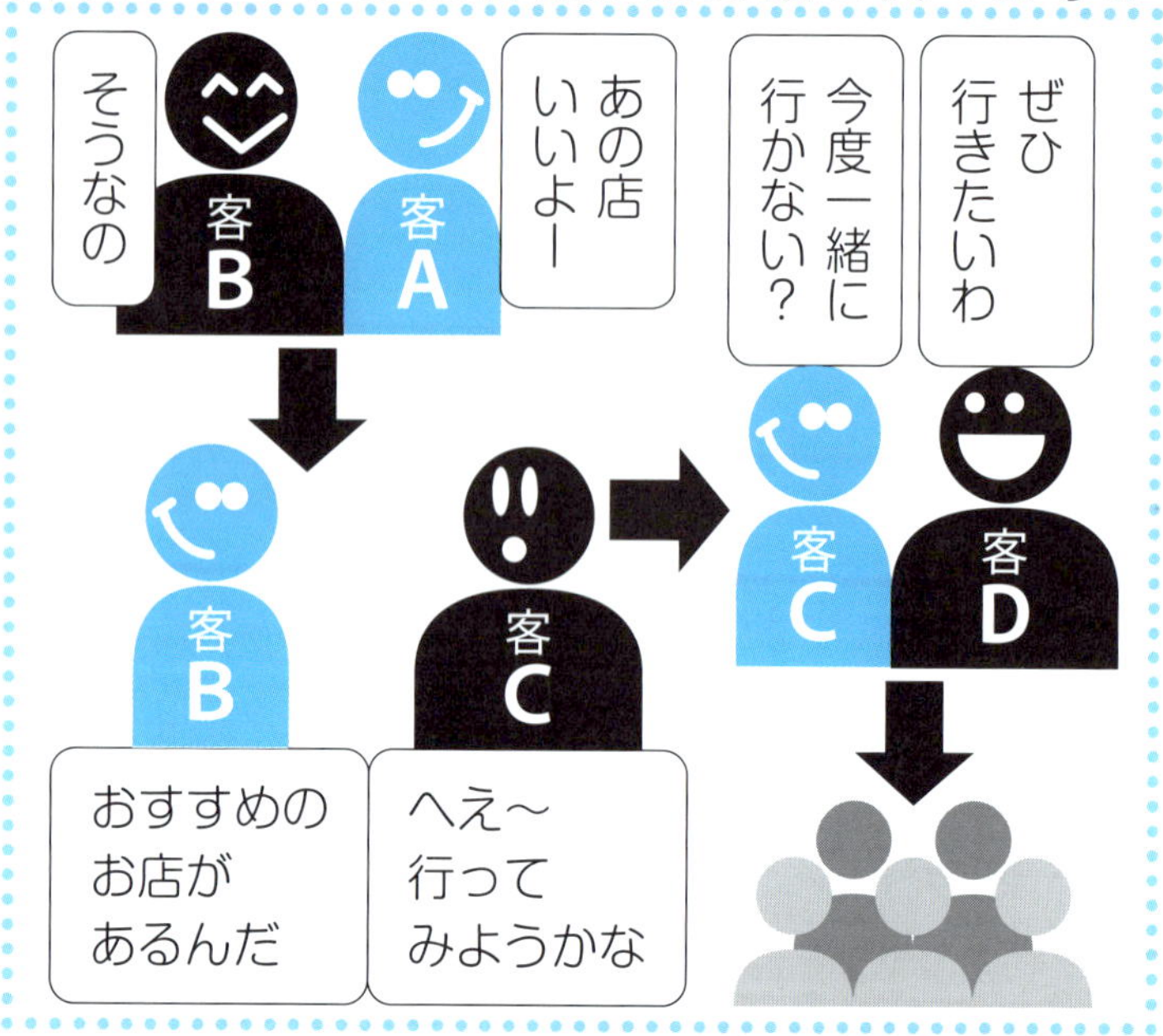
客A
あの店いいよー
客B
そうなの
客B
おすすめのお店があるんだ
客C
へえ〜行ってみようかな
客C
今度一緒に行かない？
客D
ぜひ行きたいわ

煮て柔らかくしてから食べてるんだ」と言っていたことを思い出せば、「きんぴらが入ってますが、大丈夫ですか」のひと言が出るはずです。

思いやりが通じると新たなお客様を呼べます

要は「買わなくてもいいんですよ」という気持ちをお伝えすることです。とくに常連のお客様の場合、私の顔を見たから何か買わなければと思ってくださるお客様もいるので「無理しないでください」というニュアンスをお伝えしたいのです。

このように、お客様のことを思って販売していると、それが周囲のお客様に伝わり、さらに、お帰りになってからも口コミで伝わり、「お客様がお客様を呼ぶ」ようになるでしょう。

居酒屋やレストランなどでも、お客様がお客様を呼ぶことってよくある話ですよね。

「○○さんがおいしいって言っていたから来てみたよ」

というお客様のことです。

おそらく、料理だけではなく、その店の接客にお客様への思いやりを感じればこそ紹介してくださるのでしょう。

そういう時には、常連のお客様への**「この間は、△△様をご紹介いただきありがとうございました」というひと言が、さらにお客様を呼ぶことになる**と思います。

身内に売る気持ちでいれば
お客様がお客様を呼んでくれます

24
自分に興味を持ってもらうためには

塩対応

出身地を聞かれた場合、「山形県の天童市です」

神対応

出身地を聞かれた場合、「ちょっと北のほうです」

言いすぎないほうが相手の知りたい気持ちをかきたてます

初対面のお客様が多い車内販売に限らず、たとえば婚活パーティーに参加するとか、結婚して親になれば、子どもの幼稚園の入園式に行くなど、長い人生のうちには人と初めて顔を合わすシーンに遭遇することが多々あります。

そういう時、挨拶代わりに聞いたり聞かれたりすることの代表が、「出身地はどこですか」です。これを聞かれたら、最初からずばり「山形県の天童市です」などと、はっきり言わないほうがいいと思います。

少しぼかして、「東北のほう」「ちょっと北のほうです」などという言い方をすれば、「へえ、東北はどこ?」「北って言ってもいろいろありますが…」などと話を続けることができるからです。

とくに、婚活のパーティーなどであれば初めての人ばかりですし、どうしても慎重になったり緊張感もあるでしょう。

出身地を聞いたりするのは最初の段階ですから、お互いの距離感はかなり隔たっています。簡単に言えば、これはお互いの腹のさぐりあいというか、もっと知りたいと思える相手かどうかを見極めるためのきっかけづくりです。

ですから、**情報を小出しにして謎めかし、こちらをもっと知りたいと相手が思ってくれる**ような、言ってみれば惹きつける力が大事になってくるのです。

「相手の出身地が天童市であることを知る」ということは同じであっても、相手が言ったからわかったというのと、「この人のことをもっと知りたい」と思って、「東北のどこ？」と聞いて知るのとでは、相手との距離感に違いが生じるんです。

あいまいな返事で相手の関心度がわかります

さらに言えば、あいまいに「東北のほうです」と答えることは、相手が自分にどの程度の関心を持ってくれているのかどうかを知るための手段にもなります。

「東北のほうです」と返事をしたあと、「東北のどこ？」というさらなる質問があれば、相手は、自分のことをもっと知りたいと思っているんだなということがわかります。

「東北のどのあたりなんですか？」

「天童市ですけどわかります？」

「将棋の駒で有名でしょ」

「そうそう、王将って彫った大きな駒が公園に立っていて…」

「へえ、行ってみたいな」

「桜もきれいだし、温泉もあるし、スキーもできるし…」


などと話がはずんで距離感もぐんと縮まることでしょう。相手の情報もしっかり入ります。逆に、「東北のほう」だけで、会話が途絶えてしまったら、それは相手の関心度がイマイチだったということになります。

要するに、**出身地を聞かれるのは次の話題へのきっかけづくり**です。正確な情報よりも、あいまいでも話題が広がる答えのほうがお互いに楽しくなります。

挨拶代わりに出身地を聞かれたら
そこから話題を広げられます

25 新人の弱みを補うために

塩対応

新人の未熟さを隠そうとする ×

神対応

新人であることを利用して武器に使う ○

「聞くは一時《いっとき》の恥、聞かぬは一生の恥」これを実践できるのは新人の時だけです

私は、比較的声も通るほうですし、はっきりとものを言うほうです。自信のないことでも、断言してしまうことが多いのです。自信のないことでもはっきり言えば、仮に間違えていた時でもすぐに反応がきますから、そのほうが結論を出しやすいと思うからです。

しかし、私がこうなったのは、仕事のキャリアを積んできたからこそできることであって、新人の時にあったのは「やる気満々」だけでした。でも、当時の私は**「何も知らない」ことを武器**にしてきたような気がします。

新人教育の研修の時、「新人です」という顔をしてはいけないと教えられましたが、私はそうは思わなかったのです。

「あなたたちは、洗練された教育を受けたプロなんですから、プロとして現場に立つんです」と言われても、**「新人だからこそ使える武器がある」**と思っていたんです。

その武器とは「一生懸命さ」と「聞く力」です。「聞くは一時の恥、聞かぬは一生の恥」と言いますが、この一時の恥をかけるのは新人の時だけなのです。

わからないことは聞く──新人だからできること

この「やる気」を心の底に秘めて、あとはわからないことは聞く、新人にはそれしかありません。

お客様にもどう接したらいいのか、「どうしたらいいんだろう」と思いながら「無我夢中でやっている自分を出してもいいんだよ」ということなんですね。

こうした体験から、私は新人の人たちに、自分が新人であるということを、お客様に白状するというか、さらけ出していいと教えています。

もちろん、新人だということで優しくしてくださるお客様もいれば、「試してやろう」と意地悪するお客様もいらっしゃるでしょう。でも、どちらもお客様の愛情と受け止めることです。一生懸命にやることしか新人の武器はないのです。

この武器、案外強力なんです。ベテランになると、慣れが出てしまうことがあるからです。

たとえばある家電販売店の話ですが、そのお客様担当の上司がいない時に応対した新人がいたそうです。

彼は何もわからないので、**お客様の質問に答えようと一生懸命でした。聞かれるたびに調べてメモすることを繰り返した**のです。**その様子を見ていたお客様は、すっかり彼にほれ込み、家電製品をたくさん購入**しました。

しかも、それ以来来店すると上司ではなく、その新人を指名するようになったのです。彼にあって上司になかったものは「一生懸命さ」だったんですね。

上司は、自分のお客様だと思うから慣れが生じて「お客様の好みはわかっています」とばかりに、いい加減な売り方をしていたのではないでしょうか。

新人という武器は、時にベテランよりも強いことがあります

買っていただいた商品が多すぎて持ちにくい時は、こんな演出も……

たくさんご購入いただいたお客様には、とりあえず小さな袋に小分けしてお渡ししたとしても、それで終わりにはしません。

前述しましたが、お客様に「少々お待ちください」とだけ言って立ち去り、あとで大きな袋を持ってくるのです。

この時、「大きな袋をお持ちしましょうか？」と言ってしまっては感動が薄れますし、お客様にイエスかノーかを迫って負担をかけてしまいます。

「少々お待ちください」とだけ言って立ち去れば、なんだろうとお客様に期待を持っていただけます。そして、特別に手間と時間をかけてお持ちしたことが伝われば、ただの紙袋でも「ありがとう」と笑顔が生まれます。袋は手渡しするだけでなく、きれいに手早く品物を入れ直します。

ワゴンはデッキに置いたまま、規定では走ってはいけないことになっている通路を小走りで駆け抜けます。この時間は、決してロス時間にはなりません。紙袋を取りに行く途中で、お客様からの注文もとれますし、私が車内の通路を行ったり来たりする姿を見ていただくだけでも、「あ、車内販売やってるんだな」と、初めて気がつく人もいるのです。

何度も姿を見せることの大切さ。これはほかの接客にも通じることではないでしょうか。

CHAPTER 4

リピーターが増える神対応

26 買いたくなる商品の並べ方とは

塩対応

きれいに
整然と積み上げる

×

神対応

少々乱雑な感じに積み上げる

○

一分のすきもない陳列より乱れている陳列に手が出しやすいもの

客層や時間帯、見やすい目線などを考えて、ワゴンの積み荷の仕方を柔軟に変えていくことが売上げに結びついていく秘訣です。でも、これは車内販売員が日常心がけていることです。

店舗でも、毎時間、商品陳列を変えたほうがいいとは言いませんが、せめて午前と午後ぐらいで変えることはできますよね。

そして、**陳列は整然ときれいに並べてあるよりは、むしろきれいに並んでいないほうがいい**と私は体験上思っています。売上げが上がる陳列というのは、美しく商品が並んでいるというのとはまったく違うからです。

なぜなら、ワゴン車に隙間なくきれいに積んであるというのは、いかにもさっぱり売れていませんという証拠のようなものだからです。

そこで私は、**陳列の「風通し」をよくする**ようにします。つまり、商品に隙間やずれを作って多少乱雑な感じに、商品に動きがあるような演出をします。お客様はそのようなワゴンを見て、「ふーん、売れてるんだな」というイメージを持ってくれるかもしれません。そして、自分も買いたい心理が働いてくるのです。

もちろん、多少乱雑な陳列のほうがいいというのは、すべての商品に当てはまるわけではありません。

洋服であれ、バッグやアクセサリーのような雑貨であれ、何十万円、何百万円もするような高級ブランド品のお店では、高級品に合った陳列の仕方があります。陳列の仕方ひとつで、高級品に見えなくなってしまうこともあるからです。

乱雑・欠品はハングリー・マーケットの基本です

高級品は例外として、欠品している見せ方が購買意欲をかきたてるというのは、心理的に非常に理にかなった戦略なのです。

昔から、ハングリー・マーケット（飢餓市場）が一番、人の購買意欲をそそるといわれています。読みたかった本が「売り切れました。もう入りません」などと書店でいわれると、よけいに読みたくなります。

洋服屋さんのショーウインドーのマネキンの服も、朝着ていた服が夕方着替えていれば、「あの服、売れちゃったのかしら。いいなあと思っていたのに」と買おうとまで思っていなかったのに、ないとわかるととても気になります。

昔、オイルショックという原油価格高騰による経済混乱が起きた時、トイレットペーパーがなくなるという根も葉もないうわさが広まり、どこのスーパーも売り切れ続出、価格も高騰したという現象がありました。

いずれにしても、**人がこぞって欲しがるものを、やっと手に入れたという満足感が人を幸せにする**からかもしれません。

買いそびれるのではないかという
気持ちが購買意欲をそそります

27

「お客様大感謝祭」で大事なことは

塩対応

「感謝祭！出血大サービス！」と言って売上げを競う

神対応

ひとときでも「商売抜き」のプレゼントやイベントをする

大感謝祭に気持ちを込めるなら商売抜きのイベントを決行しましょう

スーパーや自動車販売店などで「大感謝祭！　出血大サービス！」という千客万来を期待するセールの触れ込みをよく見かけます。

私には、この大感謝祭がよくわかりません。「お客様に感謝していますよ」と言いながら、結果的には〝買え〟と言っているんじゃないですか、と言いたいのです。

もちろん「日ごろのご愛顧に感謝して、いつもより値引きしています」ということでしょうが、「大感謝祭！　出血大サービス」はあまりにも大げさな感じがします。

ほんとうにお客様に感謝したいのであれば、私なら社員一丸となって、しかも仕事抜きで、**お客様に日ごろの感謝を伝えられる催しをしたい**と思います。そうでなければ、触れ込みと実態がちぐはぐな気がして仕方がありません。

「私たちはお客様のおかげで働かせてもらって、食べさせていただいています。ですから、**日ごろの感謝の気持ちを込めて、今回、お客様とご一緒に楽しく過ごすイベントを計画しましたので、ぜひお立ち寄りください。お買い上げいただく必要は一切ございません」**

というご案内なら理解できるのです。

感謝の気持ちが伝われば信頼感は自然に生まれます

たとえば、車のディーラー、ネッツトヨタ南国は、きちんとそれができていると思います。雑誌などで取り上げられ有名な話です。

廃校になった小学校を舞台においしい燻製《くんせい》や田舎寿しづくりに挑戦したり、あらゆる学習会をしたり、スタッフの手作り料理を振る舞ったりもします。

そこには、

「周囲の助けのもと、忙しい合間を縫っては集まり、お客様の笑顔、仲間への感謝に想いを馳せながら『祭り』を作り上げる。そして得られる仲間との一体感、お客様からの『ありがとう』がスタッフ一人ひとりの心に光を灯し続け、日々のお客様活動にも活かされていくのです」（㈱ビスタワークス研究所のＨＰより抜粋）という考え方があり、それをイベントで実践することにより、店員の方たちと地域のお客様との親密な関係が作り上げられています。

店員の方たちと親しくなれれば、信頼感も生まれ、「次も車はネッツ南国で買おう」というように、強いつながりができるのです。

ネッツ南国のような関係性がなければ、お客様は普通買い物がなければ店に訪れることはありません。でも、ネッツ南国は用事がなくても寄りたくなるような顧客と従業員の絆を作り上げているのです。

営業マンがお客様の自宅へ訪問する以前に、

「いつでも来てくださいね」

という雰囲気づくりと関係づくりが素晴らしいと思うのです。

商売抜きの関係性を育めば
親密な関係が生まれます

28 お客様を引きつける品ぞろえ

塩対応

お客様の〃期待〃通りのものを置く

神対応

お客様の〃期待〃を裏切るものを置く

お客様が必要としている商品はどこの店でも売っています

お客様が欲しいと思う商品だけを並べることは、とてもいいことのようですが、そのような店は、いずれ売れない店へと変わってしまうようです。

「あの店に行けば、あれとこれをいつも売っている」

というイメージが定着すれば、お客様にはその店に対する新たな期待感は何もありません。とくに、その商品がどこの店でも売っているものであればなおさらです。

店側が売りたいものを、お客様にどんどん提案していく提案型の店になっていかなければ、その店舗の来店客数は減る一方の道をたどるしかないでしょう。

お客様の思いつくものではなく〝思いつかないもの〟がポイントです。もっと言うなら、お客様が必要だと気づいていない商品、忘れている商品、あれば便利なのに思いつきもしない商品を、店内の見せ方や販売員の説明などアプローチはいろいろです

売り方を工夫すれば買ってもらえる

車内限定のリカちゃん人形です。お土産に最高ですよ～
えっ!! 新幹線で人形!? お土産にいいかも……

意外性がお客様の心をつかむ

が、そのようなアイデアを考え続け、行動に起こしていく店が生き残ることができるのではないかと思います。

リカちゃん人形を車内で売る方法

私がそのことに気づいたのは、車内販売で新幹線グッズのリカちゃん人形を扱った時です。

車内販売では、ご存じのように、駅弁もお土産も千円くらいのものが高値のものという認識があります。

ですから2500円から3000円のリ

カちゃん人形は、お弁当のようにどうしても買わなくてはならないものではないわけで、まず誰もが「売れねえべ」と、会社の判断を疑ったのでした。

でも、最初から売れるとわかっている商品なら私たちも苦労はしません。一見売れないと思われる商品だからこそ、声掛けや説明に私たちの手腕が発揮されるのです。

お客様にとっても、**いつもの〝期待〟通りのものではなく、〝期待〟を裏切るものがあることで「おやっ？」と興味を惹かれ、会話が生まれる**ことになります。

このことに気づいた私は目の前のお客様ではなく、その背景にあるお客様に向けるようなイメージで「お子さんのお土産に…」「あなたのお友達に…」とお声掛けしました。それが功を奏してか、私は毎日30体くらい売り、結局全部売りつくしたのです。

そこには思わぬ〝おまけ〟まで付いてきました。この突飛な商品によって、初対面の人との会話がしやすくなっていたのです。これはまさにうれしい誤算でした。

思いがけない商品でも納得すれば
充実した買い物になります

29

お客様にサプライズを仕掛ける時は

塩対応

お金をかけて用意した感じが伝わるようにする

神対応

お客様が負担に感じないさりげないサービスにする

サプライズに大切なのは喜ばせたいと願う気持ちです

サプライズ・サービスはなんのためにやるかという根本的な理由を考えてみると、驚かすことよりも、**ほんとうは相手を喜ばせたい**ということだと思います。

それなのに、相手を喜ばせたいという一番大事なことが消え去って、何かすごいこと、カッコいいこと、いったい相手は何をしてほしいのだろうということに発展してしまうのは要注意です。自分たちが満足するサービスに終始しているようでは、いずれその店はつぶれてしまってもおかしくありません。

基本的にサプライズというのは、予想外のことが起こるわけです。もし、それが当たり前のこと、予想できることになったら、もうそれはサプライズとは言えません。そのことさえ気づかないようなお店であれば、末路は推して知るべしです。

単純に言ってしまえば、サプライズ作戦というものは、たまにだからいいのであって、年がら年中やっていれば、やってもらう側も期待は大きくなりますから、最初は喜んだことも、だんだんとマンネリ気分になるのも不思議ではありません。

この手法の使いすぎはダメだということです。たまにだからこそうれしさもひとしおなのであって、新鮮味がなくなった時点でアウトです。

そうであるなら、つねに新手新手を考えなくてはならないということです。

サプライズは豪華さより情のある演出が大切

サプライズという言葉には、驚き、仰天、不意打ちなどという意味がありますが、誰もが刺激的なサプライズを好むかといえば、さほど好きでもないという人もけっこういます。

度が過ぎず、ほっこりと心温まる演出なら嫌いな人はいないと思いますから、高いお金が必要とか、ドキッとさせないといけない、などという先入観にとらわれないようにしたいものです。

お店がすぐにできそうなサプライズ・サービスは、お誕生日や結婚記念日など、メモリアル・ディナーとして、バースデー・プレートを提供するのは喜ばれます。

その際、**サプライズの対象となる人の好みなど依頼人から情報収集をすることは重要**です。たとえば、ディズニー・ランドが大好きな彼女なら、大きなお皿に料理だけでなく、ミッキー・マウスの似顔絵を描いてみるとか、デザートのケーキをシンデレラ城に見立てて作るなど、予期せぬ思いやりはとてもうれしいものです。

繰り返しますが、豪華なものが必ずしも必要ではないのです。

依頼人が指輪やネックレスなど、プレゼントの用意があるというのなら、シャンパンに始めから入れておいたり、焼き菓子の中にチャームを仕込んでおいたりしておくのもいいでしょう。

簡単なところでは、お会計のあと、レストランを立ち去る時に、

「お客様、お忘れものです」

と声をかけて、依頼人からのプレゼントと花束をお渡しすることもできます。

サプライズ・サービスは、再来店をかけた腕の見せどころです

30 効果的なディスプレイとは

塩対応

売りたい服、目玉の商品を着せる

神対応

売りたい目玉より雑談の話題になる服を着せる

洋服売り場にマネキンがあるのは当たり前？目立たせたい服を飾るのは当たり前？

アパレルショップがたくさんある百貨店やショッピングモールなどに行くと、いつも**「マネキンをもっと楽しませたらいいのに」**と思います。

マネキン自体は、昔に比べて黒や白、板で作った平面的なもの、トルソー（胴体）だけのものなど、多種多様になりました。

でも私から見ると、いつもつまらないのです。マネキンが変化していても、マネキンを楽しい売り場づくりには活用していない気がするからです。

もちろん、マネキンにはその店、そのブランドのイチオシの服、シーズンを先取りした入荷したての服を着せる目的が一番であることは間違いないでしょう。お客様がパッとその服を見て、惹きつけられて洋服屋さんに入ってこられることを願って飾っているのです。それがマネキンの使用法といってしまえばそれまでですが、でも私は「もっとマネキンを活用することはできるのに」と思ってしまうのです。

つまり、私にはマネキンを見て、その店の意気込みまでは感じ取ることができないのです。普通にその前を通り過ぎて行ってしまいます。

マネキンも売り場づくりに貢献させましょう

たしかに、ハンガーに服をかけてズラッと並べるだけでは遠目にどんな服があるのかわかりませんから、「今こんな服を売ってますよ」「これがこの春一番のトレンディーなデザインと色ですよ」などというのがひと目でわかるのはマネキンのおかげであって、店の指標としてなくてはならないものでしょう。

でも、私はどちらかというとマネキンが着ている服よりも、店員さんが着ている服を買いたくなります。マネキンは完璧なモデル体型ですから、当然のことながらカッコよく見えるのですが、店員さんが着ている服の着心地がどうだとか、動きやすいかとか、肌触りがいいか、などという話まではマネキンとできないからです。

店員さんと話していれば、

「今年は紺色が流行色なんですが、このデザインは白のほうが売れています」

などという話もできます。

店員さんも、お客様と話すきっかけはいろんなところにあります。そのひとつがマネキンの使い方です。ただ目立たせたい服だけを着せるのではなく、雑談接客®をするためのツールとして使ったほうがいいと思うのです。

売り場全体をお客様も楽しめる空間にするためにマネキンを利用して、たとえば**今月は「春の読書」がテーマで、マネキンがベストセラーの本を持っていたり、季節の花を持っていたりすると、そこからでも雑談は広げることができます。**

いわば、お客様参加型売り場づくりにマネキンは大いに利用できると私は思っているのです。マネキンをもっと上手に利用することが洋服売り場の活力になるのではないでしょうか。

マネキンは目玉展示より、お客様参加型売り場づくりに活かせます

31 お客様の顔を覚える方法とは

塩対応

顔と名を丸暗記する ×

神対応

相手の特徴・人間性に興味を持つ ○

記憶力を頼りにするとしばらくしたら顔も名前も忘れます

自慢ではありませんが、私はあまり記憶力がいいほうではありません。ですから、覚えることがとても苦手です。

教科書のページを示されて、「試験にはここからここまで出るから覚えておきなさい」と言われて、一生懸命詰め込んでも覚えられませんでした。試験の直前なら大丈夫かと思ったんですが、やっぱりダメで、結果は散々なものでした。

社会人になってからでもそれは変わらず、名刺をいただいてそれを見て「ああ○○様ね」と自分に言い聞かせるのですが、帰るころには「はて、さっきの人はなんという名前だったっけ」と名刺を見直すこともしばしばでした。

きっと、私のような人のほうが多いのではないでしょうか。みなさん、それぞれ工夫をしていると思いますが、私の方法を5つご紹介します。これは、心理学にも応用されていることですから、折り紙つきだと思いますよ。

私がこのような方法を駆使するのは、やはりお客様のことを知りたいからです。
一方で、お客様の変化を見るためでもあります。入れ替わっていくお客様の動きを見ることで、何が売れるかなど、先の予測ができるようになったのです。顔を覚えて変化も読める「茂木流・5つの秘法」とでもいいましょうか。

お客様の周囲の状況をしっかり把握する

＊数字で覚える＝私たち車内販売員の場合は、コーヒーショップや居酒屋に比べて、お客様はほとんど初対面の方です。ですので、まず数字が頼りになります。「1番のA」とか「16番さん」など、数字というのは、なんとなく記憶に残りやすいからです。

私の場合でいえば、座席番号です。

コーヒーの注文をされたお客様の座席番号が「16号車の1Aと1B」だったら、「コーヒー、16の1AB」と覚えると不思議に頭に入ります。

＊リズムをつける＝「16・1ABの人はコーヒーを頼んだの。私はコーヒーを取りに

行かなきゃいけないの」と、リズムをつけて、歌うように口ずさむことを繰り返すのです。これは、家にいてもよくやっています。冷蔵庫を開けたけれど、何を出すのか忘れてしまうことがよくあるからです。

＊顔から連想されるもので覚える＝「歌手の○○に似ているな」とたとえると覚えられます。ときには「この人、なんだかイヌ顔だな、サル顔だな、ムーミンみたい」など、お客様には絶対に言えないものにたとえることもあるんですよ。

＊顔以外のもので覚える＝「このお客様の手、ものすごいまん丸だな」「すごい福耳！」など、顔以外の特徴で覚えるのも効果的です。

＊空間で覚える＝ぼんやりとした全体像で見ます。すると、膝に傘を置いていた、靴はこういうのだった、ハンカチはきちんとしていたけれど自分でアイロンかけているのかななど、覚えられる特徴が見えてきます。

「茂木流・5つの秘法」でお客様の顔を覚えて変化も読めます

料理が残ったまま、話に夢中のお客様には？ ちょっとリメイクで大満足

みんなで居酒屋に行った時のこと。トークが盛り上がってしまい、料理に手つかずのまま時間が経ってしまいました。

お刺身やポテトサラダなど、表面が渇いてきたのを、チラチラと見ていたらしい女性店員さんが、

「みなさん、お話盛り上がっているところすみません。そのお刺身とポテトサラダ、もしかしてお口に合わなかったのかもしれませんが、よろしかったら、ちょっと魔法をかけるというか、ちょっとリメイクしてきてもいいですか？」

と提案してくれたのです。そしておよそ10分後、戻ってきた料理は、グラタンやコロッケに変身していて、それがまたおいしかったので驚きました。

大げさなサプライズを売り物にしている店ではなく、おそらくマニュアルにもない彼女自身の判断だった感じでした。そのサービスがマニュアルで決まっていたら、店員さんも大変でしょう。

しかし彼女自身が「せっかくお金を払っていただいた料理が、おいしく召し上がっていただけないのは残念！」と強く思ったのでしょう。そんな店員さんのいる店だったら、また行きたいと思います。

その相互作用で彼女自身も生きがいを感じ、**お客様も店員も幸せになれる、それが理想の接客です。**

CHAPTER 5

ピンチをチャンスに変える神対応

32 苦手なお客様への対応法

塩対応

苦手だと思っていると
お客様に伝わる

神対応

苦手なお客様の
赤ちゃんの時を想像する

お客様と販売員はお互いに同じ気持ちを持つものです

前にもお話ししましたが、私ははっきりものを言うほうです。もちろん、そのほうが問題が明確化していいというのもあります。

でも恥ずかしながら、やはりどこかにやんちゃだった若い時の癖が抜けていなくて、それが出てしまう部分があるのかもしれません。

ですから、私のこの物言いを気に入ってくださるお客様もいる一方で、そうしたものの言い方を嫌うお客様もいると思います。

このように、**お客様が私を苦手にしている場合、こちらもお客様に対して苦手意識を持つことが多い**ようです。

無表情で何を考えているのかわからないようなお客様が苦手だと、それがついこちらの態度にも出てしまうのでしょう。この苦手意識は、お客様に間違いなく伝わってしまいます。

相手を赤ちゃんだと思えばイライラしない

態度が悪い!!
コーヒーがぬるい!!
申し訳ありません
赤ちゃんの頃ってこんな感じかな??
バブ〜〜

どんな人にも赤ちゃんだった時代がある

どんなお客様にも無邪気な赤ちゃん時代があったのです

そうすると、こちらもつい、そのお客様を見ないようにして素通りしてしまいたくなります。

でも、それではお客様と良好な関係を築くことなどとてもできません。こちらの商売も成り立ちませんよね。

ですから、苦手なお客様に出会ってしまったら、すこしでもそのお客様を好きになれるような努力が必要になってきます。

苦手なお客様を好きになるために必要なのは、「この人にも若い時があっていろい

ろあったんだろうな」と想像力をたくましくすることです。

そして究極は、お客様が赤ちゃんだったころを想像することでしょう。

「どんな赤ちゃんだったのかしら」

「どんな顔をしていたのかな」

などと考えると、すごく可愛く見えてきます。だって、たとえ顔がイマイチでも、可愛くない赤ちゃんはいませんから。

今、うるさくクレームをつけてきたりしているけれど、赤ちゃんの時はこのお客様にも親がいて、おじいちゃんやおばあちゃんがいて、

「高い高い」

「おお、よしよし」

と可愛がられていたのかと想像すれば、こちらも楽しくなります。

33

不機嫌なお客様には

塩対応

できるだけ関わらないですます

神対応

なんらかの理由があることを思い、ごまかしたり避けたりしない

悲しみでも怒りでも正直に表現するほうがお客様に通じます

私たちは、徹底的に「お客様は神様です」というような教育を受けて売り場に立っています。何があっても、こちらの感情をぶつけてはいけないと教えられているのです。

たとえ、言葉遣いがつっけんどんで、ほんとうにいやなお客様であっても、私たちは「職場で何かいやなことでもあったのかな」と、想像たくましく考えるのです。「かわいそうだな」と思い、**自分がここで耐えれば、少しは機嫌を直してお帰りになるのではないか**と丁寧な応対を心がけています。

というわけで、いやなお客様に対して、こちらもいやな対応をするということはめったにありません。

しかし、ときには、目に余るようないやなことをされるお客様もいます。そういう時には、お客様が神様であってもマニュアル通りにしないほうがいい場合もあるのではないかと思っています。

その場限りにつくろうことがマイナスになる

たとえばある時、コーヒーを買われたお客様が、よほど腹の虫の居どころが悪かったのか、お金を投げつけてきたことがありました。どうやら私のことをご存じだったらしく、

「お前、カリスマ販売員なんだろう。拾えよ」

とおっしゃるのです。

おそらく、私がカリスマぶって威張っているいやなヤツだという先入観があったのでしょう。でも、私は自分がカリスマで偉いなどと思ったことは一度もありません。

ですから、投げられたお金を拾っているうちに、猛烈に腹が立ってきました。

そのお客様が一生懸命に働くことで、誰かに喜んでもらって受け取った、とても価値あるお金でしょうに、「それを粗末に扱うなんて」と悲しくなってしまったのです。

私は、そうして働いて得たお金を、誰にでもきれいに使ってほしいと思います。

そこで、お金を拾って、お客様におつりを渡しながら言いました。

「一生懸命に働くことでもらった大事なお金を、投げるなんてダメですよ。その大事なお金でコーヒーを買ってくださったから、３００円いただきますね」。

お客様はきっと「おつりは○○円です」と冷静に装い、私がすぐに立ち去ると思っていたのでしょう、びっくりされていたようです。

もちろん、お客様に対して感情的になってはいけないと思います。でもその時の私は、仕打ちに対する感情的な怒りよりも、お金という大事なものを投げてしまうという、その行為への悲しさのほうが大きかったのです。

次に通った時、そのお客様は降りてしまわれたらしく、席にはいらっしゃいませんでした。居づらくなったのかもしれません。でも、私のひと言が、何かのお役に立っていればいいなと祈っているところです。

お金が大事なのは、それが一生懸命さの代償だからです

34

クレームをいただいてしまったら

塩対応

お詫びし、取り替えたあと、
「申し訳ありませんでした」

神対応

お詫びし、取り替えたあと、
「ありがとうございます」

クレームをいただくとお客様に感謝したくなります

お客様にも、いろいろなタイプがあります。「いくらなんでもわがままずぎる」と思えるほど、たくさんのクレームをいただくお客様もいる一方で、たいていのことは黙ってガマンをしてしまうお客様もいます。

こちらも人間ですから、ときにはわがままずぎるお客様にイライラすることもあります。

「暑いからクーラーを強くしてくれ」

と言われて、強くしたら、今度は、

「寒すぎるよ」

と言われることもありますから。

お弁当の中に、毛髪やビニール片が入っていたような場合でも、何度もクレームをいただくと、がっかりします。

とくに、満席で忙しかったり余裕がなくなっている時にクレームをいただくとイライラすることもあります。

しかし、そんな時に心を落ち着かせる魔法があります。

それは、**「クレームをあえて話してくださってありがとう」**と思うことです。言い方を換えれば「クレームを言ってくださるお客様ほど簡単なものはない」からです。

クレームなしのお客様のほうがじつは恐い

なぜ「簡単」なのでしょうか。それは、ああしてほしい、こうしてほしいと、お客様が言ってくだされば、こちらはそれをこなせばいいだけの話だからです。だから、ある意味でとても楽なんです。

逆に、何もおっしゃらないお客様の場合はどうでしょう。じつはクレームなしのお客様のほうがずっと多く、何も言ってくれない人にどう対応すればいいのか、それを考えるのはとても大変なことです。

そういうお客様は、たとえばお弁当に異物が入っていても何もおっしゃらず、そして二度とそのお弁当を買ってはくださらないでしょう。

ですから、私はクレームにイラついている同僚がいると、

「それってラッキーなことよ。わがままなことを、どんどん言ってもらって、それをやればいいだけのことだから」

と言うことにしています。

何も言わないお客様のほうがずっと多いということは、いかに自分たちが聞き出すかが問われているということです。ご満足いただけるように気配りをすることのほうがよほど難しいことなんですね。

ですから、私はむしろクレームの多いお客様に感謝しているのです。

「言っていただいて、ありがとうございます」

という言葉が自然に出てくるのは、こういうわけなのです。

クレームは言っていただく
ほうが楽に対処できます

35 お客様がサービスに不満を持たれたら

塩対応

今まで以上に「サービス」に打ち込む

神対応

「おもてなし」と「サービス」は違うことを心得る

おもてなしは見返りを求めずサービスは有料で限りがあります

私が研修の時によく「おもてなしとサービスは違います」と言います。この2つの違いがわからず、混同している場合が非常に多いのです。たとえば、テレビなどでも「おもてなし感謝祭」という触れ込みで、海鮮丼のネタを大盛りにしたり、カレーライスに普段はつけないような豪華なサラダをつけたりしています。

そういう番組を見るたびに、私は「これって、おもてなしではなくてサービスなんじゃないの？」と思ってしまいます。

おもてなしとサービスの違いは、ひと言で言えば、**おもてなしは、こちらの「心」をお伝えすることであり、サービスはお金をかけて、従来の商品におまけをつけたり、安くしたりすること**です。

ですから、**おもてなしは原則として無料で無限のもの、サービスは有料で限りがあるもの**なのです。

おもてなしとサービスは違う

おもてなし		サービス
無料	⇔	有料
無限	⇔	有限
突発的	⇔	計画的・戦略的
見返りを求めない	⇔	見返りを求める
損得なし	⇔	損得あり
相手に気づかれないようにやる	⇔	相手が気づくようにやる

アイスクリーム1個にクッキー1個と決めたら、たとえ1つ購入したお客様に「子どもが二人だから2つ欲しい」と言われても、そういうサービスはしないことです。

おもてなしは損得を考えずにする行為

そういう意味で、サービスはサービス業というように商売のひとつです。おもてなし業といわれないのは、おもてなしは商売ではないからでしょう。

つまり、おもてなしは心遣いという無料のものを提供するので、こちらの気持ち次第というところがあるのです。そういうわけで突発的な要素も多く、趣味的なところもあります。いわば家族のように裏表もなく損得もなく、お客様からの見返りを求めることもありません。お客様に気づかれなくても一向にかまわないんです。

それに対して、サービスはどうでしょう。計画的戦略なので、お客様に気づいていただかないと困ります。たとえば、コーヒー無料券は1枚が原則のところを、ある期間だけ2枚にしたならば、「今だけのサービスです」とお伝えするわけです。

東京オリンピックの招致に成功して以来「おもてなし」が流行っています。しかし、気づかれないように行うという奥ゆかしさが感じられなくなっています。

おもてなしとは、計画的ではないところにその意味があり、そこにうれしさを感じるものだと思うのですが…。

「サービス」は売るもの、「おもてなし」は売らないものです

36 クレームの多いお客様には

塩対応

言いたいだけ言わせて気がすむまで黙って聞く

神対応

言ってもらったほうが役に立つのでいろいろ聞き出す

クレームを黙って聞いているだけではお互いに時間の浪費になるだけです

ビジネス上、「頭を下げるのは何回下げてもタダ」とか「どんなにうるさいことを言われても、頭を下げて聞いていれば頭の上を通り過ぎていく」などということがよくいわれます。

たしかに、テレビなどでも不祥事が起きるたびに、その会社の幹部が深々と頭を下げて「申し訳ありません」と謝っている姿をよく見かけます。しかしその姿に「本気で悪いと思っているのかしら」「心から謝っているのかしら」などの疑問を持つのは私だけでしょうか。

どうしても「頭を下げるのはタダ」という、ちょっとずるい対処の仕方が見えてきて仕方がないのです。もしかしたら「やっているのは自分たちだけではない。バレたのは運が悪かっただけ」と思っているのではないかという疑いも生じます。

私たちの仕事上でも「お客様のクレームは、黙って聞いていれば、お客様の気がすんで収まるから、頭を下げて、クレームが頭の上を通り過ぎるのを待てばいい、一時の辛抱よ」と思う傾向がないでしょうか。

しかし、**クレームには、理不尽なものもある一方で、「なるほど」と思わせるものもあります。**ですから、聞きっぱなしにしていたのでは改善されることもなく、お客様とこちらとの双方にとって、時間の浪費にすぎないことになってしまいます。

クレームを聞くほうが会社の利益につながります

クレームはむしろ、こちらから積極的に聞くほうがいいのです。聞き出すことができなければ改善することもなく、お客様の気に入らないものを売り続けることになります。売上げにも響いてきますよね。

逆に何をしてほしいのかを聞けば、そのクレームが理不尽なものなのか、お客様のおっしゃる通りと思われるものなのかがよくわかります。

おっしゃる通りと思えば、それは即座に改善できます。お客様の好感度はぐんと上がり、それは会社の利益にもつながるでしょう。クレームを「ハッピーコール」と呼んでいる企業もあります。

ですから、私はいつも**クレームに関しては「聞き出したもの勝ち」と思っています。うまく聞き出せば、それは会社に貢献することにもなる**からです。

こんな話を聞いたことがあります。

ある私鉄電車で冷房がききすぎて、震え上がるほど寒かったことがあったそうです。

乗車していたお客様は風邪を引いてしまったらしく、電車の車掌に言ったのですが一向に改善されません。

降りてから駅の事務所でも同じことを言ったのですが、聞いているのか聞いていないのか、いい加減な返事しかもらえず、次に乗った時も状況に変化はありません。

聞く耳があれば、お客様に風邪を引かせるような事態は避けられたはずです。

クレームには「なるほど」と
思われるものが含まれています

37

詫び状を出す時には

塩対応

ワープロのきれいな手紙

神対応

下手な字でも手書きの手紙

ワープロの文字よりも手書きの文字が人をホッとさせます

最近は、ほとんどの通信が電子メールとか電話になってしまい、昔ながらの郵便にお目にかかることがめっきり減ってしまいました。

そんな時代ですから、家に帰って郵便受けを見た時、はがきや封書が入っていると、べつに「恋文」でもないのに胸がときめいてしまいます。

はがきや封書といっても、たいていはダイレクトメールや何かの通知といった事務的なものが多いのですが、その中に個人名の記された郵便があると「なんだろ、なんだろ」と着替えもせずに読んでしまいます。

さらにその郵便の中身が、きれいに打たれたパソコン文字なら、これはこれで読みやすくてありがたいことです。でもその中に、ときどき「手書き」で一字一字、刻むように書かれた手紙があり、これは正直、文字や文章が下手だろうとなんだろうと、それだけで感激です。それだけ現代人は、手書き文字に飢えているのだと思います。

年賀状などでもそうですよね。近ごろ多いパソコンで見事に印刷された内容でも、**宛名が手書きになっていたり、一行だけでも手書きで書かれたりしていれば、そこを見ただけでなんとなくホッとした気持ちになる**ものです。

詫び状はワープロ文字では気持ちが伝えられません

たとえば、多くの企業は「お客様相談室」を設けています。お客様からのクレームを共有するために、それらのすべてを社員全員に公表しているところもあります。私は、スーパーにそうした手紙が貼ってあるのを見たこともあります。

そうしたお客様のクレームが謝るべきものだった場合には、当然詫び状を書くことになります。誰にとっても、あまり書きたくない手紙です。

そのためか内容がパターン化されていて、見本が用意されていることも多いようです。ですから、こうした謝罪文書はどこかありきたりで、誰にでも通用するような無難な内容になっています。

まして、その手紙がワープロ文字だった場合、お客様にお詫びの気持ちが伝わらな

書きたくない手紙ほど
心を伝える手書きが一番です

いような気がします。

じつはこのように**書きたくない手紙ほど、手書きで書く必要がある**のです。

現にあるスーパーでは、クレームに対する店長の手紙も貼ってあるのですが、全部手書きでした。「ここの店長は信頼できる」と思った人も多いでしょう。

つくづく手紙の効用ってすごいなと思った経験があります。ゲーム機の大手・任天堂の対応の仕方を思い出したんです。ゲーム機を落として壊してしまった子どもが、親に言われて、自分で修理依頼の手紙を書いたそうです。

それを受け取った任天堂は、その子ども宛に、それは丁寧な返事の手紙を書いたそうです。受け取った子どもは、自分宛に手紙がきたことで有頂天になって喜んだというのです。ほんとうに、手紙っていいものですね！

38

一度断られたお客様に再び声をかける時

塩対応

何も声をかけない

神対応

「まだ、ありますよ」

「まだまだありますから安心してください」という気持ちで接すると楽になります

1章のコラムで「はあい」という声掛けと「また来ますね」のひと言を残すと、次の声掛けがスムーズですと申し上げました。これは、一度断られたお客様のところへ二度目に行った時のためにも大変有効です。

とは言っても、一度断られるとショックは案外大きいものです。ですから、もう一度声をおかけするのは、普通ですとやはり難しいものなんです。

「さっきいらないって言っただろう」とか「うるさいな。ちょうど眠くなってうとうとしかけていたのに、目が覚めちゃったじゃないか」などと苦情を言われそうで、つい素通りしてしまいたくなります。

この難しさを軽くするためには、ちょっとしたコツがあります。それは、断られた時のショックを隠して、「安心してください、まだまだありますよ」というニュアンスを残して通ることです。

お客様が声をかけやすい雰囲気を作る

まだありますよ
まだあるなら
買おうかな
商品がまだあることをアピール
すれば購買意欲がそそられる‼

つまり、お客様に見せるだけでおすすめしないことです。**「まだありますからから、いつでも声をかけてくださいね」という気持ちだけを残しておく**のです。

「まだあります」が言えるような雰囲気づくり

お客様の気持ちはいつも同じではなく、

「さっきはいらなかったけれど、やっぱり欲しくなったな」

とか、

「やっぱりさっき買っておけばよかった」

など、いろいろと揺れ動くものです。

ですから、最初に断られたお客様にも「まだあります」と、声をかけることが大切なんです。

言いにくいなと思った時には、お客様の様子で、ストーリーを作ってみるのもいいでしょう。「主人に買っていこうかな」「お饅頭1箱じゃ足りないな」など、お客様の頭の中を想像してみるのです。

これを「ストーリー性販売」と私は言っています。

さらに言えば、私は必ず「今日の一品」を決めて、同じことをしています。それはワインの時もありますし、リカちゃん人形の時もあります。リカちゃん人形は、新しくなった新幹線用の制服を着ている人形だったので、とても力が入り、たくさん売りたいと思ったのです。

お客様の心を読み取る努力をすると声をかけやすくなります

39

無理な要求をされたら

塩対応

「これは決まりで差し上げられないんですよ。ごめんなさい」

神対応

「たくさんはダメなんですが、何にお使いですか？」と代わりを考える

応えられない要望をされた時は まずその理由を聞きます

私たちはお客様からとても応じられないような要望をされた時でも、絶対に「ノー」と言ってはいけないという教育を受けています。

しかし、ときにはお菓子を1箱購入されたお客様から「紙袋を10枚いただきたいのですが…」と言われることもあります。お菓子1箱には紙袋1枚と決まっていますから、要望通りにはいきません。

そういう時には「ノー」と言わずにどうすればいいのでしょうか。私だったらまず**「たくさんはダメなんですが」と前置きをしてから、10枚もの紙袋を何にお使いになるのかを聞きます。**お客様は、いろいろ答えてくださいます。

「20個入りのお菓子を小分けにして、2個ずつ10人の孫たちに配りたいと思っているの」

「とっても可愛い絵柄の紙コップだから、持って帰って手作りのお菓子を作った時に使いたいの」

などの返事が返ってきます。

前者の場合でしたら「ビニール袋ではいけませんか」と、代わりのものを提案してみます。たいていのお客様は「ちょっと無理かな」と思いながらおっしゃっているので、「ビニール袋でもいいわ」ということになるでしょう。

後者の場合、ちょっと難しいのですが、やはり10枚は無理です。その時、最初に言った「たくさんはダメなんですが…」が効いてきます。「2枚ぐらいなら差し上げられます」と言えば、どうしても10枚とはおっしゃらないでしょう。

難しい要望には「お時間いただけますか」のひと言を

それでは、紙コップを10個と言われたらどうしましょうか。何にお使いかと聞けば、今買ったワインを、10人のグループで分けて飲むんだというご返事です。

紙コップの場合、10個までは無理でも、ある程度は対応できないことはありません。ですから「お二人で1個ではいけませんか？」と提案します。

「それでもいいよ」ということになるかもしれません。

また、お客様のご要望はいろいろで「大きな紙袋が欲しい」などと、ないものねだりをされる場合もあります。そういう時には「お時間いただけますか」と言って、代わりのものを探します。

私は、在庫商品を入れておくダンボールを空にして少し作り替え、中にビニール袋を敷いて「お待たせしました」と言ってお持ちしたことがあります。

気に入っていただけなくて「これじゃちょっとな」と言われることもあるでしょう。

それでも、**こちらが代わりを一生懸命用意したという誠意だけは通じます。**

お客様はその誠意を感じて、さらなる要求を出すことはありません。

「申し訳ありません」とお詫びをすれば、「こちらこそ、無理を言って悪かった」という返事が返ってくるはずです。

要望に対しては、できるだけ
応えるという姿勢が大事です

一人にお弁当１つずつでは多いのでは？ お年寄りには多く売らないのも親切

山形新幹線で、いかにも故郷のにおいを漂わせた年配のご夫妻が、お弁当を1個ずつお買い求めになろうとしたことがありました。

お二人の方言丸出しの会話に親しみを感じたこともあって、私は思わず、「えー？ こだい（こんなに）食うの？ 大丈夫？」と言ってしまいました。

これは、私の祖父母が、「だんだん年を取ると、ごはんってたくさん食べられなくなってねぇ。二人で一人分を分けてちょうどくらい」と言っていたことを思い出したからです。

さしでがましいかな、とは思いながらも「二人で1個でもいいし、ほしたら（そうしたら）箸2膳つけっから、二人で分けることもできっぜ？」と言ったら、お二人は何度もうなずいて、「そうだそうだ。それがいい」と喜んでいました。

レストランや中華料理店などでも、お年寄りには一人前が一人では多すぎることはしばしばあります。こんな時は、一人前プラス軽い料理ぐらいをおすすめし、二人で分けられるよう小皿や小鉢をつけてあげると喜ばれます。

弁当にしても料理にしても、一人前ずつ注文していただいたほうが売上げは上がるわけですが、**多く売りすぎないのもお客様本位の親切**なのです。

CHAPTER 6

感動を生み出す究極の神対応

40 お客様が思う良い接客とは

塩対応

マニュアル通りそつなくこなす

神対応

お客様に合わせたオーダーメイド接客をする

覚えていてくれたんだと思うと
また行きたくなります

ある人が、高校時代のクラス会の幹事になりました。幹事仲間に古い歴史のある街に住んでいる人がいたので、彼女の推薦でその街のレストランを会場に決めました。お料理もよく、サービスも行き届いていて、参加者はみな大満足で帰りました。レストランは、**会計などの後始末のために残っていた幹事さんたちに、コーヒーまでサービスしてくれた**そうです。

そうしたサービスが気に入ったので、翌年のクリスマスに今度は家族を連れて行くことにしました。早速予約の電話を入れたのですが、相手の反応にちょっとがっかりしてしまったそうです。

こちらが「昨年、クラス会でお世話になった…」と言い出しても、「あの時はありがとうございました」のひと言もなかったからです。おそらく覚えてもおらず、思い出しもしなかったのでしょう。

これでは、あれこれのサービスもマニュアル通りにそつなくこなしていただけだったのかと、疑う気持ちが生じて当然です。

「あの時のサービスはなんだったのか」と思ったその気持ち、よくわかります。なぜならば、お客様は「覚えていてくれたんだ」ということに喜びを感じるのです。

それは自分に合わせたオーダーメイドの対応をしてくれたような気持ちになれるからでしょう。

感謝の手紙は文字通り「ハッピーレター」です

そういうわけで、家族と行って以来、彼女はほかの友人知人に紹介する気持ちを失ってしまったと言います。

私がレストランのオーナーだったら、クラス会が終わってすぐに感謝の手紙を書きます。**お客様個人に感謝の手紙を出せば、お客様がどんなに喜ばれるか、その姿が見えるような気がします**よね。

それに、こちらもお客様とつながれたような気がしてうれしいんですね。まさに「ハッピーレター」なのです。

この「ハッピーレター」、じつは逆の場合もあります。お客様からお手紙をいただいたり、感謝の言葉を言われたりした場合です。

もちろん、私たちは見返りを求めておもてなしをしているわけではありません。それでも気づいてくださって、「あの時はありがとう」と言われれば、それはうれしいものです。

マニュアルという技術を学んでそつなくこなすのではなく、おもてなしの心で接することができるということは、その人の人間性の表れです。したがって、自分の人間性が認められたようにうれしくなるんですね。

良い接客は、人間味のある
オーダーメイドがなければダメ

41 販売や営業の原点とは

塩対応

商品を売ってお金をもらうのが商売

×

神対応

求め合うものがあって物々交換するのが商売

○

物々交換は価値観が一致しなければ成立しません

その昔、この世にお金がなかったころ、人々は物々交換で欲しいものを手に入れていました。そこには定価というものはなく、**自分が欲しいものと相手が欲しいものの価値がちょうど釣り合えば、その取引は成立**しました。

たとえば『わらしべ長者』という昔話があります。それはこんなお話です。

「昔、ある一人の貧乏な男が、観音様に願をかけると『はじめに触ったものを大事にしなさい』と言われ、つまずいて手に触れたわらしべを持って旅に出ました。すると、あぶが飛んできてうるさく飛び回ります。

男がアブを捕まえ、わらしべの先に結びつけると、それを見た男の子が欲しがりました。母親に、みかんと交換してほしいと頼まれて、それを承知します。

その後、男は出会った人々と次々と物々交換をして行き、最後に大きなお屋敷を手に入れて長者になりました」

この男は、お金に換算すればはるかに高価なものと次々に交換していったのですが、**取引が成功したのは、双方の価値観が一致し、そこに喜びを見出したから**なんですね。

たとえば、ものすごくお腹が空いているのにお金がなくて、誰かが持っているお煎餅が欲しい時、歌を歌うことができたとします。相手が歌を聞くことにお煎餅をあげてもいいという価値を見出せば、この取引は成功するわけです。

その逆の場合もあります。ある駅で、持っているたわしと何かの交換を求めている男性を見かけました。気になってあとで見に行ったのですが、まだそこに立っていました。誰にも、たわしと交換できる価値のものがなかったからでしょう。

販売・接客でも物々交換的な要素はあります

経済活動の原点は、ここにあると思います。たしかに定価があって、それを買うだけのお金があれば買える、なければ買えない、それが今の経済社会の決まりではあります。

しかし、こういう時代だからこそ、大事にしなければならないのは物々交換的な原点に戻ることではないでしょうか。

それはどんなに時代が進み、経済的活動が金銭を介さなければ成立しない世の中になっても、相手に喜んでもらいたいという気持ちがあれば成り立つはずです。

お金はないけれど、電気製品の故障なら直してあげられると申し出て、おにぎり一個をもらうとかは、今でも十分できる物々交換だと思います。電気屋さんに頼めば、おにぎり一個ではすみませんが、双方が納得できればそれでいいわけですよね。

私たちの仕事についても、お客様に喜んでいただきたいという気持ちがあれば、商品を売ってお金をいただく以上の、双方が満足できる物々交換的な接客ができると、私は思っているのです。

42

心が伝わるお辞儀の角度は

塩対応

会釈、敬礼、謝罪と角度を使い分ける ×

神対応

感謝を表すものなので角度の使い分けはしない ○

お辞儀の仕方に3段階あることを知っても なんの役にも立ちません

お客様へのマナーのひとつに「お辞儀の仕方」というのがあります。新入社員のための研修を受けにいくと、これを教えられるんですね。

まず「背筋と膝を伸ばし、腰から頭までまっすぐになるようにして腰を曲げる」という基本的な姿勢を教えられます。

次がお辞儀の角度です。

お辞儀の角度には会釈と敬礼と最敬礼の3段階あって、

「会釈は、相手とすれ違う時に行うもので、角度は15度」

「敬礼は、初対面や簡単な挨拶、あるいは自己紹介などの時で、角度は30度」

「最敬礼は、クレーム対応や感謝の気持ちを表す時で、角度は45度」

と、いわれています。

気持ちがお辞儀に表れる

こっちまで泣けてくる…今まで感動をありがとう!!
エエッ
↓180°のお辞儀
今までありがとうございました
形式的なお辞儀では相手の心に響かない

でも、私は初めてこれを教わった時、思わず、

「お辞儀は、気持ちがあって初めてできることなので、深いほどいいんじゃないんですか」

と言ってしまったことがあります。

マナーは理屈ではなく心があって身につくもの

マナーには、たしかにそうすべき理由があります。でも角度を一生懸命覚えるだけで、なんのためかを考えなければ意味はなくなります。

たとえば、最初の挨拶はこのくらいの角度、お詫びする時にはこのくらいと角度を教えられて、それを守るだけでは相手の心に響きません。わざとらしく映るに決まっています。

心から申し訳ないと思えば、お辞儀は自然に深くなるものなのです。そういう意味で、何よりも大事なことは、角度は何度と覚えることではありません。

「ええと、今は感謝だから、30度？　45度？　何度だっけ」

などと考えること事態がおかしい！　私はそう思います。

体が柔らかくてできるのであれば、１８０度のお辞儀だっていいと思いますよ。

そういう意味で、私はＡＫＢ48の前田敦子さんが卒業した時の最後の挨拶にとても感動しました。感動して涙が止まらなかったくらいです。何よりもお辞儀の仕方が素晴らしかった！　頭が膝につくくらいに一直線だったんです。

気持ちがこもれば、お辞儀の角度を
45度で止めることはできません

43

お客様との絆を大切にするために

塩対応

売り手と買い手だけの一瞬の関係に徹する

神対応

売り手と買い手の関係を越えて一期一会の豊かな時間を過ごす

「袖振り合うも多生の縁」そう思えばすべてのお客様がいとおしい

私は**「お客様との出会いをまず大切にしたい」**といつも思っています。

「出会い」とひと口に言っても、道ですれ違う人との出会いもあれば、幼なじみの友達もいますし、学校の先生や学友もいるでしょう。突然の接触事故でお互い知り合った人、救急搬送されて処置をしてくださったお医者さん、看護師さんたちとの出会い……など、数えきれないほどあります。

現在、世界の人口は73億人を超えているといわれています。自分が生きている同じ時代に、そのうちの何人の人と出会うことができるのだろうかと考えると、ほんとうにごくわずかであることに気づかされます。ですから「袖振り合うも多生の縁」ということわざも、熱心な仏教信者でなくても、なるほどと思ってしまいます。

このことわざには「道すがら、お互いの袖が触れ合ったとしても、それは偶然ではなく、そこには前世からの深い因縁によって起こった必然なのだ」という意味があります。

ただお弁当を売って、代金をいただくだけの関係だとしても、その相手はお互い、70億分の1の確率で出会った人ということになるのです。

「一期一会」で時を過ごせば絆が生まれます

ですから、私はいつも「一期一会《いちごいちえ》」の気持ちを忘れずにいたいのです。一期一会というのは、茶道から生まれた言葉だと聞いています。

お茶をたてる人が亭主、そのたてたお茶をいただくのが客人、お互い狭いひとつの茶室という空間で出会っているこの時は二度とこないかもしれないから、誠意を尽くして今できる最高のおもてなしをしましょう、という意味だそうです。

たしかに、今出会っている人は家族でさえ、明日もまた出会えるとは限らないのです。

大震災や大惨事の時も、「まさか今朝『おはよう』と挨拶した人が、もう二度と会えない人になるなんて、わかっていたらもっとかける言葉があったはずなのに」と、家族や友人をなくした多くの人が後悔の念を語っています。

新幹線で、おなじみのお客様に出会って、またお買い上げいただくと、それはほんとうにうれしいものです。

人生のうちの、**ほんの一瞬にすぎない時間ではあるのですが、これほど私にとって生きがいを感じられる時はほかにありません**でした。

まして、わざわざ私の乗る新幹線を調べて乗ってくださるお客様がいるなんて…。なんとお礼を言っていいのかわからないほどの感動を覚えます。

私もお客様も、それこそ袖が触れるか触れないかの出会いで、握手のひとつもしませんが、心の中ではしっかり握手をしたいと思います。それが絆の正体であり、その豊かな時間を過ごすことが、またお客様との絆を深めていくことになります。

一瞬の時に心を砕いて、お客様を思いやることで絆が生まれます

44 お客様のことをたとえるなら

塩対応

お客様は「神様」と思う

神対応

お客様は「恋人」と思う

お客様と販売員は神様でも対等の関係でもなく〝恋人関係〟

日本では「お客様は神様です」という言葉が昔からよく言われてきました。販売員なら、お客様はたしかに神様のように見える瞬間は絶対にあると私も思います。でも、お客様が神様に見えることはあっても、関係性でいうと私はお客様を神様だとは思っていません。

お客様と販売員は、上下関係にあるとはどうしても思えないからです。

だからといって、お互い対等だという意味の「ウィン・ウィンの関係」だとも思いません。上下でなければウィン・ウィンの関係になるのでしょうが、そのように意識してお客様に接したことがないので、ある本を読むまでは、自分がお客様に対してどのように向き合っているのかわかりませんでした。第三者の目で販売員としての自分の言動を分析したことがなかったのです。

そのことがわかったある本というのは『物を売るバカ』（川上徹也著・角川書店刊）という本で、「茂木さんはお客様のことを恋人みたいな感じだと思っている」と、私の接客法を分析してくれていたのです。

その本に書かれている自分のことを、私はなるほどと思いました。たしかに私がお客様との間に作り出している関係性は、恋人関係のようなものだったからです。

「売らない接客」が売上げ増につながるパラドックス

現在、私が行っている「お客様との関係性づくり」という研修でも、この本からヒントを得て、「ラブラブ接客」というのを取り入れています。

間違いなく**私はお客様に対して、まるで恋愛のような相思相愛の関係を楽しむかのように仕事をしている**からです。

現に朝、目覚めた瞬間から「今日はどんな人と出会えるかしら」とウキウキします。お客様と会うのも楽しいし、その方のお子さんに会うのも楽しいのです。80歳のお客様も私からすれば自分のおじいちゃんみたいな感じですが、自分の恋人みたいに会いたくて仕方がないのです。

恋人なら「会いたくて仕方がない」「好きでしょうがない」と、相手を思う気持ちと同時に、相手の反応にも胸がキュンキュンするような感情が生まれます。

ですから「ウィン・ウィンの関係」というのとは、やはりまったく違うのです。その時点では「お客様は物を売る対象」という認識はありません。

つまり、お客様は商売の相手としての認識が私にはないということになります。

お客様と恋人関係のようになれて初めて「売る」＝「喜ばせる」という目的を達成することができるのです。

もし、ほんとうの恋人なら相手を喜ばせるには身も心も捧げるでしょうね。でもそこはお客様と販売員なので、私はお客様が欲しい物を通じて心を捧げるのです。

上下、対等などの境界線のない恋人関係だから心から喜んでもらえます

45 究極の販売のあり方とは

塩対応

商品やサービスを与える ×

神対応

商品やサービスのほかに
〝喜び〟を与える ○

お客様のお金に感謝するのは日ごろの勤労をたたえることでもあります

お金が大事ということは誰でもわかっていますが、ほんとうに思っているかどうかは人によってとても〝温度差〟があるようですね。

なかには、お金と商品の交換以外、まったく考えられないという人がいて、そういう人が接客業を営んでいたとしたら、私は少し悲しくなります。

一生懸命に家族のために働いているサラリーマンのお父さんのお小遣いは、月に3万円、いえ、2万円かもしれません。その中から、私の売る1本150円のペットボトルのお茶を買ってくれたのだと思うと、ほんとうにありがたいと思うのです。

前述したお客様が握っていた〝お金の温度〟の話も、お金のリアルなぬくもりから発展して、その人がこのお金を手に入れるまで、やっぱり苦労されたのだろうなという思いにつながりました。

それは人に強要することではないのかもしれませんが、**買っていただいて感謝する**

販売とはサービスと喜びを与えるもの

のは商売の鉄則です。

そうであるなら、お金の意味をたまには考えてみたほうが「上っ面の感謝に終わらないですむ」と私は思うのです。

商売は信用ある「人・物・お金」で成り立ちます

経済の目的は国民を豊かにすることです。豊かになるためにはお金が必要になります。でも、必ずしもお金だけが人を豊かにするとは限りません。

お金持ちでない人は不幸かといえば、そうではないからです。貧しくても幸せという人は世の中にたくさんいます。ということは、人はお金だけで豊かになることはないといえます。

一万円札を印刷するのに約22円の印刷代がかかるといわれていますが、誰も一万円札を見て「あっ、22円」とは思いません。日本という国が一万円と決めて発行した紙幣ですから、その信用で一万円の価値があるお札と認識しているのです。

要するに、**商売は信用ある貨幣と、信用ある人が提供する信用ある物とで成り立っている**のです。お客様のお金も、その人が一生懸命に働いて、誰かを喜ばせた対価として得た貴重なお金です。そこを感じて初めてお金のほんとうの意味の大切さがわかっているといえるのではないでしょうか。

ですから、私は商品とサービスと〝喜び〟を一緒に売らなければ、お金を払ってくださったお客様に申し訳ないという気がしてならないのです。

販売は「商品・サービス・喜び」が入って初めて成り立ちます

46 双方が喜ぶ販売の極意とは

「売らない」「買わせない」は究極ではなく商売の基本です

商売の基本は「売る」「買わせる」と思っている人がほとんどだと思います。

でも私は、自分が車内販売を通じて経験した結果、「売らない」「買わせない」のほうが、ほんとうは究極というよりも基本とさえ思っています。

お客様が欲しいとも思っていない時に、なんとか**売りつけようと必死になるよりも、「なぜか欲しくなる」という気持ちのほうを大切にしたい**と思っているのです。

もちろん、売ることも買ってもらうことも仕事ですし、買ってもらいたい気持ちがあるのは事実です。でも「買わなくていいんです」と言ってすすめないから欲しくなるという、表面上のテクニックではありません。もちろん人間の心理として、買わせないから欲しくなるということはあるでしょう。

「販売とは売らないこと」などというと、なんだか哲学的になってしまいますが、わかりやすく言えば、やっぱり「売りつけない」ということなのです。

つまり、**お客様の立場になって考えていれば、結果としてお金がついてくるというメカニズムがある**ということです。

人のことなど考えていなければ、不必要なものもいつの間にか売りつけて、お客様も押し切られて買わされてしまいます。でもこんなことをすれば、あとで「もう二度とあの店で買わない」とか、「あの人がいる時は避けよう。買わされちゃうから」などということになるのは目に見えています。

欲しくない物など売りたくありません

ですから、私の言う「売らない」というのは、「あの人は売ってくれないから、その店に足を運ばない」というのとは違います。

お客様がほんとうに欲しいと思う物を、最高に気分よく買ってもらいたいという気持ちというのが本音です。だから私は「いかがですか？」とは言わないのです。

「売らない」→だから「欲しくなる」

「買わせない」→だから「売れる」

というメカニズムは、最初から意識して行ったことではないのです。

無我夢中でやっているうち、自分の売上げがトップになりました。だったら、自分の売り方のどこがよかったのだろうと、自己分析をしてみた結果です。

お客様が喜んでくださり、仕事の成績もいいのなら、商売としてこれが正解であると決定づけることにしたのです。不必要な物は一時的に売りつけても、のちのち自然淘汰されていき、この世から消えていくだけです。要するに、

「買ってくださるのは私という人間が信用できてからでいいですよ。それまでは私も売りませんし、お客様も買わなくていいのです」

というスタイルでやってきたことが売上げ増加につながっていったと、今の私は信じています。

私を信用できて、欲しい物が
あったら買ってください

当事者意識を持って頑張る組織は伸びます

私が車内販売員を続けながら、故郷・天童市から選ばれて「ミス将棋（駒）の女王」（ミス駒）になった時のことです。天童市は将棋駒の名産地ですから、その名を冠した観光大使になって、いろいろな機会に天童市の魅力を発信しようというわけです。

私なりに頑張って講演会やイベントに参加しましたが、一人で声を上げているうちに、ふともったいない感じがしました。いろんな力を持った地元の一人ひとりが、自分が観光大使になったつもりで自分たちの街のことを熱心に語れば、効果はもっともっと上がるのになあと思ったのです。

観光大使である自分一人が頑張っても、地域の人が意識しないと地元の活性化につながらない、実際に関わる人の意識が変わらないとダメなのです。

どんな企業や組織でも、誰かその役に就いた人がやればいいと思っているかぎり、組織の力は結集しないと思います。

誰もが「当事者意識」を持つこと、他人事ではないと思うこと――。つまり一人ひとりの社員や団体のメンバーなりが、その会社や団体、地域の代表、言ってみれば組織の「顔」、〝観光大使〟であるという意識を持った時、その組織は思いもよらない成果を上げるのだと思います。

●著者略歴
茂木久美子（もき　くみこ）

山形新幹線車内販売員時代の2005年、東京－山形の１往復における１人あたりの平均売上げが７～８万円のなか、１往復半で50万円の売上げを達成。

その群を抜く販売力が評価され、2006年10月には最年少でJR東日本管内の車内販売員約1300人中、３人しかいないチーフインストラクターに抜擢される。

「車内販売のカリスマ」として、テレビや新聞など様々なメディアで取り上げられ、車内販売員、そして後進の指導をする傍ら、講演活動を行ってきた。

2015年より株式会社グローバルゲンテンを設立し、企業研修・コンサルティングなど人財育成を通して販売の現場を盛り上げている。

売上げを10倍にする接客＆販売術
神対応のおもてなし

2016年8月２日　初版　第１刷発行
2017年2月19日　　　　第２刷発行

著者　茂木久美子
発行者　木村通子
発行所　株式会社 神宮館
〒110-0015　東京都台東区東上野１丁目１番４号
電話　03-3831-1638（代表）
ＦＡＸ　03-3834-3332
印刷・製本　大日本印刷株式会社

万一、落丁乱丁のある場合は送料小社負担でお取替え致します。小社宛にお送りください。

本書の一部あるいは全部を無断で複写複製することは、法律で認められた場合を除き、著作権の侵害となります。定価はカバーに表示してあります。

ISBN　978-4-86076-344-2
©Kumiko Moki 2016
Printed in Japan
神宮館ホームページアドレス　http://www.jingukan.co.jp
1720220

100万人の教科書シリーズ

最強のクレーム対処術

紀藤正樹・監修

四六判（２色刷）224頁　　定価：本体1400円＋税

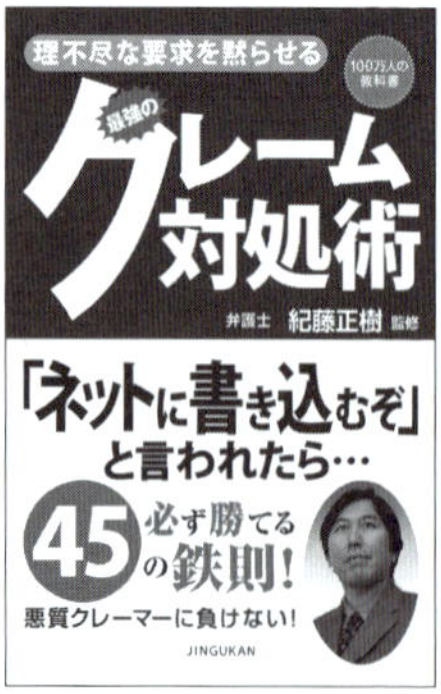

単なるマニュアル本ではなく、現場で臨機応変に対応するための考え方が得られます。「クレーム対応は議論で勝つことではない」「良いクレームはビジネスチャンスに変えて悪質クレーマーには毅然とした対応を」「顧客の気持ちを自然に鎮めるテクニック」など、モンスタークレーマーをつけ上がらせず、必ず勝てる45の鉄則を紹介しています。

最強のトリック心理学

神岡真司・監修

四六判（２色刷）224頁　　定価：本体1400円＋税

相手を意のままに動かすのは難しいことではない！ちょっとしたコツさえつかめれば、相手の気持ちが手に取るようにわかります。本書は、トリック的な視点を取り入れた「人を動かす心理術」として、さまざまな心理法則をまとめています。ビジネスや男女関係、日常生活においてなど状況別に、実践的に使える心理テクニックを集めました。

10年後に失敗しない

未来予想図

森永卓郎／御旅屋尚文・監修

Ｂ５判（４色＋２色刷）400頁　定価：本体3000円＋税

子どもの進路にあれこれ頭を悩ませている親世代必見！好きな事を仕事にするためのガイドブックが登場。監修に森永卓郎氏をはじめ専門家の方を迎え、中学卒業後の学校選びから、卒業後に選択する進路や職業、結婚や育児、定年後の年金の話まで、この一冊ですべてがわかる書籍です。親子で進路の話をするきっかけにもなります。

好評発売中!!